AMAR UMA CRIANÇA

Dicas para expressar o afeto no cotidiano

Dados Internacionais de Catalogação na Publicação (CIP)
(Câmara Brasileira do Livro, SP, Brasil)

Ford, Judy
  Amar uma criança : dicas para expressar o afeto no cotidiano / Judy Ford ; [tradução Vera Palma] – São Paulo : Ágora, 1997.

  Título original: Wonderful ways to love a child.
  ISBN 85-7183-535-7

  1. Amor materno 2. Amor paternal 3. Pais e filhos 4. Papel dos pais I. Título

97-3296   CDD-306.874

Índices para catálogo sistemático:

1. Pais e filhos : Relacionamentos : Sociologia   306.874

Compre em lugar de fotocopiar.
Cada real que você dá por um livro recompensa seus autores
e os convida a produzir mais sobre o tema;
incentiva seus editores a encomendar, traduzir e publicar
outras obras sobre o assunto;
e paga aos livreiros por estocar e levar até você livros
para a sua informação e o seu entretenimento.
Cada real que você dá pela fotocópia não autorizada de um livro
financia o crime
e ajuda a matar a produção intelectual de seu país.

AMAR UMA CRIANÇA

Dicas para expressar o afeto no cotidiano

Judy Ford

ÁGORA

Do original em língua inglesa
WONDERFUL WAYS TO LOVE A CHILD
Copyright © 1995 by Judy Ford

Tradução:
Vera Palma

Projeto gráfico e editoração:
Acqua Estúdio Gráfico

Capa:
Nelson Mielnik/Acqua

Proibida a reprodução total ou parcial
deste livro, por qualquer meio e sistema,
sem o prévio consentimento da Editora.

Todos os direitos reservados pela
Editora Ágora Ltda.

Rua Itapicuru, 613 – cj. 82
05006-000 – São Paulo, SP
Telefone: (011) 3871-4569
http://www.editoraagora.com.br
e-mail: editora@editoraagora.com.br

Para Amanda Leigh,
que gentilmente me permitiu
compartilhar nossa história.

Meus agradecimentos a Mary Jane Ryan, editora extraordinária, por me encorajar e me ajudar a encontrar uma forma de compartilhar os meus conhecimentos.

Minha gratidão a William Ashoka Ross, cuja imagem bondosa permanece em meu coração, por gravar as histórias de nossa família.

E, por último, mas não menos importante, às crianças e aos pais que brilham nestas páginas — o meu muito obrigada.

Sumário

Apresentação 11

ESSÊNCIA

Aprenda a se amar 18
Permita que eles se amem........................ 20
Aprendendo sobre a paternidade................. 22
Cuidado, frágil................................. 24
Esteja verdadeiramente presente................. 26
Escute com o coração 28
Fale gentilmente................................ 30
Incentive sempre 32
Tente compreendê-las........................... 34
Responda às perguntas.......................... 36
Peça opiniões a eles 38
Aprenda com elas............................... 40
Diga sim, sempre que possível 42
Sempre que necessário, diga não 44
Respeite o não deles............................ 46
Aceite os erros................................. 48
Admita os próprios erros 50

Toque seu filho com carinho. 52

Mostre que qualquer sentimento é bem-vindo. 54

Descubra as emoções verdadeiras. 56

Deixe-os chorar 58

Não esconda as suas lágrimas. 60

Dê espaço para as brigas e para o mau humor. 62

Ensine seus valores por meio de exemplos 64

Respeite as diferenças 66

Compartilhe seus sonhos 68

EXPRESSANDO SEU AFETO

Saia da rotina. 72

Riam, dancem e cantem juntos 74

Invente apelidos carinhosos 76

Escreva cartas amorosas. 78

Construa cabanas de cobertores 80

Brinque com seu filho 82

Leve a vida com mais leveza. 84

Tenha um tempo para si 86

Leia histórias em voz alta. 88

Crie um círculo de silêncio. 90

Gazeteie de vez em quando 92

Caminhe na chuva 94

Ande descalça 96

Pendure seus trabalhos artísticos na parede. 98

Ficando acordados até mais tarde 100

O prazer das pequenas tolices. 102

Brinque na água 104

Rindo à toa. 106

Mantenha a bagunça em perspectiva. 108

Curta o jantar em família 110

Abasteça-os de elogios 112
Promova festas familiares 114
Agradeça sempre 116

VIVACIDADE

Desfrute a alegria de criar um filho 120
Acredite nas possibilidades 122
Abra-se ao milagre da transformação 124
Lembre-se: elas estão neste mundo há pouco tempo 126
Maravilhe-se com o crescimento delas 128
Aceite ajuda 130
Acalente a inocência 132
Perceba a linguagem espiritual 134
Crie comunidades de amigos da família 136
Quando chegar o momento, deixe-os ir 138
Deixe-os voltar 140
Mostre e peça compaixão 142
Vamos proteger nossas crianças 144
Conserve-as em seu coração e em suas preces 146

Apresentação

Certa vez ouvi alguém dizer: "Nossos espíritos baixam à Terra para aprender a amar". Eu ainda era uma menina e, embora não saiba quem a disse, nunca mais me esqueci essa frase. Frase simples, mas ao mesmo tempo reveladora e inquisitiva: "Então, temos um espírito que baixa à Terra?". "E amor se aprende? Como?"

Passamos anos tentando entender nossos espíritos e aprendendo, na prática, como é que se ama aqui na Terra. Não é um aprendizado fácil, principalmente com os filhos. Como mães e pais, temos disponíveis manuais fantásticos para bebês, crianças e adolescentes, mas pouquíssimos livros nos ajudam no básico e fundamental aprendizado do amor, embora as atitudes amorosas sejam decisivas para o crescimento de uma criança.

Amar uma criança, escrito com simplicidade e ternura, nos ajuda a trilhar o misterioso, básico e desconhecido aprendizado do amor na criação dos filhos que, como bem diz Judy Ford, a autora, "é uma via de mão dupla: enquanto você os conduz pela mão, eles o conduzem pelo coração".

O livro sabe produzir bem esse efeito de mão dupla. Ao chegar ao final, você não apenas vai melhorar a forma de amar seus filhos, mas vai se rever criança e perceber a falta que o amor produziu em seu espírito.

Ler esse livro é uma oportunidade de questionar os pais que somos, os filhos que fomos e descobrir que todos estamos ligados pelo amor. E o amor verdadeiro é a luz que ilumina esse mundo dirigido e manipulado pelo consumismo e pela tecnologia selvagem. É ele que pode levar nossos filhos ao caminho da bondade, da integridade e de um mundo melhor.

Diléa Frate
Mãe, jornalista e escritora
de livros infantis

AMAR UMA CRIANÇA

Não basta amar um filho,
é preciso expressar esse amor com ações.

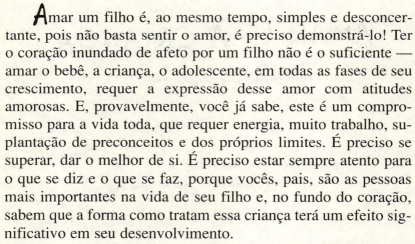

Amar um filho é, ao mesmo tempo, simples e desconcertante, pois não basta sentir o amor, é preciso demonstrá-lo! Ter o coração inundado de afeto por um filho não é o suficiente — amar o bebê, a criança, o adolescente, em todas as fases de seu crescimento, requer a expressão desse amor com atitudes amorosas. E, provavelmente, você já sabe, este é um compromisso para a vida toda, que requer energia, muito trabalho, suplantação de preconceitos e dos próprios limites. É preciso se superar, dar o melhor de si. É preciso estar sempre atento para o que se diz e o que se faz, porque vocês, pais, são as pessoas mais importantes na vida de seu filho e, no fundo do coração, sabem que a forma como tratam essa criança terá um efeito significativo em seu desenvolvimento.

As atitudes amorosas são necessárias a partir do momento em que o bebê vem ao mundo, e o serão pela vida afora. Dave e Madeline se revezam nas tarefas da casa, como colocar a roupa na máquina, cozinhar e trocar fraldas. O bebê nasceu há apenas um mês e a vida do casal mudou completamente. Acabaram-se as noites de sono, os banhos demorados, as refeições prolongadas e as saídas com os amigos. Mas, ao colocarem as próprias necessidades em segundo plano para cuidar do bebê, Madeline e Dave descobriram que esses atos de amor estão enriquecendo suas vidas. Eles estão aprendendo rapidamente o que a maioria dos pais já aprendeu — que não se pode ser egoísta, egocêntrico ou preguiçoso quando se quer cuidar de um filho com dedicação; tarefas banais e não muito divertidas, como trocar fraldas, terão de ser cumpridas, mas se forem feitas com amor para suprir as necessidades do bebê, elas fortalecerão os laços entre pais e filhos. Madeline e Dave estão aprendendo, assim como você também aprenderá, que criar um filho requer adaptação contínua e ações amorosas, mesmo que em alguns momentos você esteja cansado demais para sentir tanto amor.

Como mãe, terapeuta e conselheira de família por mais de vinte anos, tenho conhecido muitos pais que insistem em dizer: "Eu amo meu filho". Mas, por mais que acredite em seus sentimentos, muitas vezes suas atitudes mostram o contrário. Sem perceber, eles criticam e subestimam os filhos — é como se não prestassem atenção ao que estão fazendo. Isso não significa que sejam más pessoas, apenas não aprenderam a transformar o amor em atitudes do dia-a-dia, não aprenderam a se colocar no lugar dos filhos.

Freqüentemente, nos meus cursos, os pais perguntam como construir uma família unida e sólida. Como manter a auto-estima elevada, o sorriso, o ânimo e a capacidade de se divertir ao longo do processo. Tenho visto dezenas de pais e filhos que querem desesperadamente se amar e se divertir juntos; e, embora existam milhares de livros sobre o assunto, repletos de técnicas e conselhos, os pais que me procuram querem algo diferente.

Talvez por estarmos todos tão ocupados, cansados e assoberbados tentando ser superpais, precisamos apenas de um sutil lembrete: como expressar nosso amor pelos filhos e como agir afetuosamente.

Amar uma criança é um guia para todos os pais que querem transformar o amor em ação e dar aos filhos a oportunidade de crescer da forma mais saudável possível. É uma receita para fortalecer a família, acompanhada de bula e garantia daquilo que sei ser possível. Use-a diariamente para alívio e conforto e ela o habilitará a ser o tipo de pai que deseja. Está cheia de histórias verdadeiras de pais e filhos que estão construindo famílias estáveis, acolhedoras e amorosas. As histórias podem lhe mostrar o caminho. Mas lembre-se de que as sugestões não são simples truques; elas devem ser usadas com integridade, compaixão e toda a honestidade emocional que puder reunir. Sem esses requisitos fundamentais, não terão nenhum valor.

Como mãe e conselheira de centenas de outras mães, cheguei à conclusão de que o mais importante na educação é a qualidade da relação entre pais e filhos — não importa como eles se vestem, como penteiam o cabelo, ou se são os primeiros da classe, o importante é a qualidade dos momentos que passam junto com os pais. Quando eles crescerem e tiverem os próprios filhos, não se lembrarão das notas que tiraram na escola, mas jamais esquecerão a qualidade do relacionamento familiar. Meu desejo é que este livro traga novas idéias aos pais para a construção de uma amizade carinhosa e duradoura com seus filhos, ajudando-os a se elevarem como indivíduos, de modo que, quando adultos, possam voltar felizes ao lar em que cresceram.

Como mãe de uma adolescente, sei o quanto é importante manter a convicção de que a relação amorosa entre pais e filhos e a convivência alegre e divertida no lar não são utopias. Aceite este livro como um convite ao crescimento na direção positiva. Quando minha filha Manda tinha quatro anos, o pediatra perguntou a ela: "O que você quer ser quando crescer?".

"Gente", ela respondeu.

Aí está a resposta. O desafio dos pais é educar os filhos para que se tornem gente. Quando ações amorosas passam a fazer parte de nossas vidas, temos energia para construir o tipo de unidade familiar que a maioria das pessoas deseja. E, juntos, se aprendermos a amar nossos filhos, poderemos salvar o mundo.

ESSÊNCIA

Criar filhos é uma via de mão dupla.
Enquanto você os conduz pela mão,
eles o conduzem pelo coração.

Aprenda a se amar

Amar a si mesmo é a base de tudo o que é belo e significativo na experiência humana, e a experiência de criar filhos não é uma exceção. Uma vez que a auto-estima é o alicerce da responsabilidade e da alegria individuais, é impossível ser bom pai se você não se ama. Porque, ao descobrir a pessoa preciosa que é, você se torna corajoso e autoconfiante, condições necessárias para se tornar bom pai ou boa mãe. Quando você se ama, sua satisfação interior independe dos filhos, você tem identidade própria. Amar a si mesmo é o primeiro passo no sentido de abrir espaço em sua vida para receber um novo e pequenino ser, porque só então você será capaz de amar os filhos pelo simples ato de amar e não pelas recompensas que pode obter desse amor.

O que significa amar a si mesmo como pai ou mãe? Significa ter tempo para si diariamente. Significa respeitar-se. Mimar-se de vez em quando. Conhecer os próprios talentos e desfrutar de tudo o que faz o seu coração cantar. Significa defender-se quando é preciso. Amar a si mesmo é um processo diário pelo qual você se conhece, perdoa o seu lado sombra e, finalmente, realiza qualquer ato amoroso necessário para o seu crescimento pessoal.

Quando você se ama, é capaz de admitir as próprias falhas e entender que, embora as coisas não tenham sido tão fáceis, você fez o melhor que pôde. Quando você se ama e se aceita do jeito que é, jamais terá medo de crescer, de aprender e de mudar. Você se sentirá vivo e terá toda a energia de que precisa para acolher e desfrutar a família. E, como as crianças aprendem com os exemplos, o seu será a melhor lição do real significado de amar a si mesmo.

Eis uma pequena história ilustrativa: Quando tinha vinte e nove anos, Kris decidiu realizar o seu sonho e, embora se sentisse culpada, voltou a estudar. As crianças tiveram de pôr a mão na massa. Passaram a comer mais *fast food*, a se contentar com menos dinheiro e aprenderam a se virar sozinhas muito mais cedo do que os amigos. No dia da formatura, os filhos, de nove e dez anos, subiram ao palco de mãos dadas com a mãe. Depois que ela recebeu o diploma, eles lhe entregaram um cartão com os dizeres: "Estamos orgulhosos de você! Nós conseguimos". Pense na lição positiva que Kris passou aos filhos ao respeitar as próprias necessidades e seguir os anseios do coração: é possível ter sucesso. O sucesso acontece graças ao trabalho de equipe, e o esforço conjunto pode ser divertido.

Quando você perceber que está ressentido com seus filhos dizendo ou pensando: "Afinal, eu faço tudo por vocês", é hora de mudar o enfoque sobre sua própria vida. Porque, quando não se é honesto consigo mesmo, em vez de sentir amor pelos filhos, você sentirá ressentimento e criará um muro intransponível entre vocês. Quando os pais não vivem a própria verdade ficam desequilibrados, irritados e explodem com facilidade. Mas, quando cuidam de si, a satisfação que sentem se reflete em seus filhos.

Permita que eles se amem

Um pequeno ser que se ama torna-se um adulto responsável, capaz de uma vida plena. A auto-estima elevada é o melhor alicerce para o futuro de nossos filhos. Especialistas no desenvolvimento infantil afirmam que crianças com auto-estima elevada apresentam melhor aproveitamento escolar, fazem amigos com facilidade, sentem-se conectadas com as outras pessoas e se adaptam facilmente à comunidade. Elas são competentes, capazes de tomar decisões importantes e ávidas de experiências novas. São otimistas, curiosas e gostam da vida. A criança que se ama desenvolve um caráter que dificilmente será abalado pelas pressões e incontáveis influências externas que certamente enfrentará durante a vida.

Amar incondicionalmente significa ajudar os filhos a gostar de si mesmos. Portanto, acima de tudo, não condicione o seu amor ao que eles fazem, mas ame-os simplesmente porque eles existem.

Quando Garret perguntou ao pai:

— O que você gosta em mim?

— Você! — respondeu o pai.

— Mas o que em mim? — insistiu o garoto.

— O que eu gosto em você, Garret, é o fato de você ser você. Eu gosto de você.

Um dia, perguntei a Manda, que acabara de chegar do colégio:

— O que você fez hoje na escola?

— Não posso contar — respondeu.

— Por que não?

— Porque você vai ficar muito brava.

É óbvio que depois dessa resposta fiquei mais curiosa do que nunca. Pensei um pouco sobre o assunto e disse:

— Manda, se você me contar o que fez hoje na escola, prometo não ficar brava.

— Mas, se ficar, vou direto pro meu quarto.

— Você promete?

— Prometo — respondi.

— Bem, hoje eu tive de escrever o nome da minha melhor amiga... e eu não escrevi o seu nome, mamãe.

— Ah!

— Escrevi o meu nome. Não pude evitar, eu gosto mais de mim. Mas escrevi o seu nome em segundo lugar.

Fiquei tão satisfeita, que disse a mim mesma: "Parabéns, você ainda não conseguiu estragá-la". Alegrei-me em saber que ela se amava em primeiro lugar e que reconhecia o próprio valor, porque eu sabia que, gostando de si, iria gostar da escola, dos amigos e da vida.

Quando uma criança descobre o milagre da auto-aceitação, a sua vida passa a ser uma jornada plena de satisfações; e ela tem bastante energia e coragem para enfrentar todos os desafios e os altos-e-baixos que se apresentam pela vida afora. À medida que ela aprende a ser compassiva consigo mesma, a compaixão pelos outros brota naturalmente. Essa é a recompensa.

Aprendendo sobre a paternidade

Se você já passou a noite acordado, embalando um bebê e no dia seguinte levantou exausto, sabe o quanto é difícil ser pai ou mãe e, ao mesmo tempo, quanta alegria um filho traz. Se você já sentiu aquele cheirinho adocicado do seu bebê aninhado em seus braços e esse mesmo bebê regorgitou em sua camisa limpinha, sabe quanta frustração e quanto amor você pode sentir ao mesmo tempo. Se você já se ressentiu de ter gasto o dinheiro que ganhou, com tanto esforço, em aulas de piano, tênis, balé, natação ou ginástica, para as quais seu filho não deu o menor valor e, depois, viu com orgulho a carinha de satisfação dele pelas próprias conquistas, você conhece a difícil jornada que tem pela frente e as recompensas que ela trará.

Às vezes, você fica tão aborrecido que quer extravasar gritando furioso tudo o que tem feito por eles; e aí eles chegam com um buquê de flores, e você se derrete. À medida que crescem passam o tempo todo desafiando os pais. Eles não aceitam mais a sua orientação, questionam e discordam de tudo o que você diz e, quando você pensa que vai enlouquecer, inesperadamente, fazem observações inteligentes, mostram uma nova perspectiva da situação e apresentam soluções tão brilhantes, que o deixam maravilhado.

Nunca alguém disse que criar filhos é fácil. Ser pai e mãe

significa dar altruisticamente quando se está exausto. Significa comprar sapatos novos para os filhos enquanto o seu está na lona; fazer a sua programação de acordo com a agenda deles; ficar acordado até tarde e não conseguir pegar no sono. Significa dividir tudo — dinheiro, comida, maquiagem, meias. Significa se preocupar com o bem-estar do outro. Quando eles são pequenos, é preciso carregar sacolas cheias de suprimentos e quinquilharias toda vez que sai com eles, nem que seja para ir só até a padaria, mas, quando eles crescem, você os leva ao cinema e eles nem sequer sentam ao seu lado. Há dias em que não saem de perto de você e outros em que se recusam a serem vistos em sua companhia, pois ficam envergonhados. Você luta para ser bom pai ou boa mãe, mas essa luta vem acompanhada de muitas dúvidas.

Embora criar filhos seja, talvez, um dos mais importantes desafios de nossas vidas, é a arte menos ensinada em nossa cultura. Achamos que a mera capacidade biológica de gerar filhos nos qualifica para educá-los bem. Mas, aos poucos, vamos reconhecendo que há muito a aprender, muitos exemplos a seguir e, felizmente, existem muitos recursos nesse campo que podemos utilizar. Há Grupos de Orientação para Pais disponíveis em várias localidades. As escolas estão sempre realizando palestras que podem ser de grande ajuda. Converse com outros pais, leia livros sobre o assunto. Você também pode participar de grupos de apoio a pais ou criar um grupo com a mesma finalidade. Se você não se sente feliz e não se aceita como pessoa, será incapaz de dar a seu filho aquilo que não tem. Um terapeuta também pode ajudar. O que quer que precise, vá atrás, peça ajuda e você encontrará o que está buscando.

Cuidado, frágil

Quando chega um pacote do correio com o aviso "cuidado, frágil", ninguém imagina jogá-lo em qualquer canto. Ninguém o ignora, considera um incômodo ou fica aborrecido com ele. O pacote é aberto devagar, com cuidado, porque é frágil. Ele recebe atenção especial. Talvez, se pensarmos nas crianças como preciosos pacotinhos enviados por entrega especial, diretamente dos céus, possamos ser mais pacientes com o seu comportamento impertinente.

As crianças fazem muitas coisas que nos deixam de cabelo em pé e com vontade de esganá-las, mas, lembrem-se, elas têm um coração delicado e podem nos ajudar a ser mais sensíveis. É fácil destruir a alma de uma criança, basta ignorá-la, repeli-la ou simplesmente dirigir-se a ela com palavras rudes. Portanto, em vez de fazer ameaças do tipo: "Se você não parar imediatamente eu vou lhe dar um verdadeiro motivo para chorar", ou a pergunta ridícula: "Você quer apanhar?", pare um minuto e se pergunte: "Por que estou reagindo dessa maneira?".

Há uma grande diferença entre agir e *reagir*, e é muito importante aprender a fazer essa distinção. Isso requer reflexão, prática e muito fôlego. No momento em que Tommy quebrou o vaso favorito da mãe, mesmo ela tendo lhe pedido mil vezes que parasse de jogar bola na sala, ela teve ímpetos de esganá-lo. Mas não reagiu; contou até cem e esperou para ver o que iria acontecer. Ela me disse que aprendeu muito naquele dia: Tommy teve de focalizar a atenção em seu comportamento, em lugar de lidar com a reação histérica da mãe. Em silêncio, juntou todos os pedacinhos do vaso e entregou-os à mãe. Tommy aprendeu uma lição dolorosa. Eles conversaram sobre o ocorrido e o garoto prometeu nunca mais jogar bola dentro de casa. E cumpriu a promessa.

Quando perceber que está se irritando demais com seu filho ou tendo reações exageradas, respire fundo, conte até dez ou dez mil, e se pergunte: "O que está acontecendo comigo neste momento?" ou: "Por que estou agindo assim?". Respire, respire, respire, e pense antes de agir, para que mais uma vez possa sentir a extraordinária doçura dessa criança. Nada é mais importante do que cuidar da alma e do corpo das crianças com ternura e carinho.

Esteja verdadeiramente presente

Estar presente significa fazer contato com a essência do outro. Significa estar com o filho no momento presente, com a mente vazia de preocupações, sem pensar no passado ou no futuro. Significa estar junto dele, desprovido de quaisquer expectativas, preconceitos ou obrigações, para que possa concentrar toda a atenção nas necessidades dessa criança. Isso nem sempre é fácil, mas é de vital importância.

Você não se lembra de ouvir histórias do gênero: "Pobre menino rico, que tinha tudo o que queria, mas era infeliz porque os pais nunca estavam por perto?". Infelizmente, há muitas crianças que sofrem esse tipo de negligência. Presentes, por mais caros que sejam, jamais substituirão a presença dos pais. A atenção verdadeira é muito mais valiosa para o desenvolvimento da criança do que qualquer presente, e é a forma mais gostosa de se estar junto.

Enquanto são bebês, os filhos precisam da constante presença da mãe, mas quando crescem, muitas vezes, nos esquecemos de lhes dar atenção. Portanto, fique atento aos sinais de que eles podem estar se sentindo abandonados. O fato, por exemplo, de uma criança não sair do lado da mãe enquanto ela fala ao telefone pode ser um sinal de que ela esteja precisando de mais atenção. Certa vez, um garoto de seis anos me contou que o pai só lhe dava atenção quando ele tinha problemas na escola e, como queria atenção, não se importava por tirar notas baixas. Sugeri ao pai, Don, que saísse todas as tardes com o filho, por meia hora. Ele não tinha muita certeza de que esses passeios fossem mudar alguma coisa, mas concordou em tentar. Resultado: acabaram-se os problemas na escola e Don descobriu como a sua presença era importante para o filho.

À medida que as crianças vão se tornando independentes, é mais fácil ficar por dentro de suas aventuras se nos mantivermos atentos. Amber, por exemplo, toma o café da manhã, aos sábados, numa lanchonete do bairro, com os filhos de nove e onze anos. Ela acha que esse momento longe de casa, em que volta toda sua atenção às necessidades das crianças, mantém aberta uma linha de comunicação entre eles.

Crianças não se comunicam apenas com palavras, portanto, fique atento ao que elas estão querendo dizer pela comunicação não-verbal.

Haily, aos cinco anos, voltou a chupar o dedo, enquanto Ian ficava tão ansioso para conversar com os pais na hora do jantar, que não conseguia comer. Davey reclamava de dor de estômago todas as manhãs, antes de ir à escola, e Candice roía as unhas ou enrolava os cabelos sempre que os pais discutiam. Uma criança que chora toda vez que fica com a *baby-sitter*, ou faz manha e se agarra aos pais na presença de outros adultos pode estar querendo enviar a mensagem de que está precisando de mais atenção.

Esvazie a mente, desfaça os compromissos e esteja presente de verdade. Quando não puder dar atenção, explique os motivos e marque uma hora em que você possa, realmente, estar presente. Desligue a televisão e ligue a secretária eletrônica. Sente-se junto deles, relaxe, converse, e perceberá que o vínculo entre vocês irá crescer e se fortalecer. Se, nesses momentos, você estiver verdadeiramente presente, quando separados, eles estarão seguros de que o seu amor os rodeia.

Escute com o coração

Escutar com o coração é completamente diferente de escutar com os ouvidos. Pouca gente sabe fazê-lo e poucos pais escutam os filhos dessa maneira. Escutar com o coração significa estar genuinamente atento, aberto e interessado. Significa estar disposto a ouvir, aprender e a se surpreender — sem necessidade de fazer perguntas, interromper ou dar conselhos (a parte mais difícil!). Escutar com o coração significa não atropelar o interlocutor com o seu ponto de vista, mas ouvir do filho o que ele pensa da vida. Significa ouvir com admiração. Se você ouve com o coração, seu filho se sente seguro para lhe contar qualquer coisa, pois quando uma criança encontra um adulto receptivo ela se abre e compartilha livremente a sua vidinha.

Quando Jake foi pego cabulando aula, ficou muito nervoso, telefonou para o pai, John, e insistiu para que ele fosse buscá-lo imediatamente. A caminho da escola, John decidiu não tirar conclusões apressadas, mas permitir que o filho falasse. Assim, em vez de repreendê-lo, passar-lhe um sermão ou dar-lhe conselhos, John levou o filho para uma caminhada e ouviu o que ele tinha a lhe dizer. Jake conversou sobre tudo: futebol, dinheiro, rendimento escolar etc. Quanto mais John ouvia, mais o filho se abria. Falou de sexo, da namorada e do futuro. A postura de John, acolhendo o filho de peito aberto, transformou o que poderia ter sido um confronto numa conversa íntima entre pai e filho e terminou com Jake ouvindo o ponto de vista do pai.

Uma criança transtornada precisa de um ouvinte sensível que emita poucas palavras. "Sim", ou "Hum", às vezes, é o bastante; quanto menos falar, melhor. Não tente persuadir seu filho a falar mais do que ele está disposto.

Crystal contou à mãe que Lissy, sua irmã, não a deixava brincar com as bonecas. Ela chorou tanto que perdeu o fôlego. Felizmente a mãe conseguiu evitar que esse problema se tornasse crônico. Ouviu a filha com respeito, mostrou compreensão e, como sempre acontece, uma hora depois Lissy e Cristal estavam brincando novamente.

Quando a criança está chorando não quer ouvir perguntas ou conselhos. Na verdade, ela quer ser compreendida sem ter de dar explicações. Quando seu filho parar de chorar e estiver mais calmo, pergunte-lhe: "O que aconteceu?" ou: "Você está com algum problema?". Se fizer muitas perguntas ele se porá na defensiva. Algumas crianças são mais abertas, outras preferem guardar para si o que sentem. E nós, pais, precisamos aprender a respeitar a individualidade de cada uma.

Escutar com o coração intensifica a união entre você e seu filho e, muitas vezes, você perceberá que o seu escutar silencioso e bondoso é tudo o que ele precisa para encontrar as próprias soluções.

Fale gentilmente

As crianças, tanto quanto os adultos, reagem bem à gentileza. Enquanto você fala, seu filho interpreta suas palavras e o tom de sua voz como mensagens diretas sobre o quanto ele é ou não importante. Portanto, fale suave e gentilmente e seu filho o ouvirá. Não há necessidade de gritar como um carrasco ou uma megera para chamar a atenção.

Pare de gritar. Gritar com as crianças, com o marido ou com a esposa, cria tensão no ar, más vibrações na casa e poluição sonora. Não faça sermões, preleções e não se irrite. Pare de censurar e de ficar batendo na mesma tecla. Deixe a crítica de lado, a direta e a disfarçada. Não intimide, não ameace, não xingue. Eu sei que é mais fácil falar do que fazer. Muitos de nós crescemos em meio a famílias que costumavam gritar, censurar, zombar e ridicularizar e, assim, acabamos achando tudo isso muito natural. Sugiro aos pais com histórias familiares semelhantes que, antes de dirigirem uma palavra áspera a um filho, parem e se perguntem: "Se eu estivesse no lugar dele, como gostaria que falasse comigo?".

Maggie estava aflita porque não conseguia encontrar Joel, o filho de oito anos, que deveria estar brincando na casa do vizinho. Procurou-o por toda parte, telefonou para os amigos, gritou o nome dele e nada. Duas horas depois, viu Joel subindo a rua, chorando. Maggie ficou tão aliviada, que não sabia se o abraçava, se brigava ou se o ameaçava para que nunca mais repetisse a façanha. Mas, sabiamente, pegou-o pela mão e andaram em silêncio, uns cem metros, até que lhe perguntou:

— Onde você estava, Joel?

— Você não ouviu as mensagens que deixei na secretária eletrônica? — respondeu o menino.

— O pai de Ben nos levou para jogar futebol. No meio do caminho vimos um cachorro atropelado e o levamos ao veterinário.

Maggie ouviu, sem dizer uma palavra, enquanto Joel contava a história com todos os detalhes. Ela ficou feliz por ter segurado a língua e escutado o filho em vez de fazer um sermão, como era costume. Ao chegar em casa, ouviu as duas mensagens na secretária eletrônica que confirmavam a história de Ben.

Quando perceber que está perdendo o controle, pare, relaxe, dê uma caminhada ou telefone a um amigo. Esvazie a mente antes de tomar qualquer atitude e, quando se sentir preparado, discuta o assunto. Não se esqueça de que qualquer interação tem um enorme potencial de magoar ou curar, de machucar ou estimular. E, no meio do caos, um simples ato de bondade tem o poder de transformar o seu dia e o dia de seu filho.

Incentive sempre

Todas as pessoas precisam de estímulo. Você precisa, e o seu filho também. De alguma forma, todos nós somos pequenas criaturas desamparadas tentando enfrentar um mundo complicado. As regras mudam praticamente todos os dias e é difícil acompanhá-las. Ninguém mais do que as crianças precisam de estímulo. As pressões e tentações são tantas que elas necessitam de todo o nosso apoio. Não importa o que fizerem, fique do lado delas. Mostre que você acredita que conseguirão atingir os objetivos traçados, dizendo: "Acho que você consegue". Reconheça as suas conquistas, mesmo que pequenas.

Tome cuidado para não confundir incentivar com forçar. É comum vermos pais pressionarem os filhos a fazer aquilo que *eles*, pais, gostam, em vez de deixar os próprios filhos escolherem o que mais lhes agrada. Essa atitude, na verdade, acaba sendo *desencorajadora*. Sloane, por exemplo, queria que a filha Lindy se sobressaísse nas competições de corrida e vivia chamando atenção para o talento da garota. Qual não foi sua surpresa quando Lindy abandonou o esporte e disse a ela: "Se gosta tanto de corrida, por que não corre *você*?". Sloane teve de admitir que estava forçando a filha a praticar o seu esporte favorito, em vez de incentivá-la a fazer o que *ela* queria.

Não tente persuadir um filho a realizar os seus sonhos, dizendo: "Preferiria que você fizesse engenharia", quando ele declara que quer ser editor. Quando incentivamos um filho, estamos encorajando-o a ser quem ele é. Se o seu filho tiver um sonho, não importa qual, diga-lhe que é um sonho maravilhoso. Não o desanime ou amedronte, fazendo observações do tipo: "Não há muitas chances de emprego para astronautas".

As crianças têm ambições e objetivos próprios. Nossa tarefa é encorajá-las. E não esquecer de reconhecer os seus esforços. Um pai, depois de ver o progresso do filho no boletim, disse-lhe: "Você se esforçou muito para tirar essas notas. Parabéns!". Em algumas famílias, a criança bagunceira é a que recebe mais atenção. Portanto, não se esqueça de elogiar aquela que cumpre suas obrigações sem fazer alarde.

Suzannah costuma dizer aos filhos: "Tenho certeza de que sabem o que é melhor para vocês". Essas palavras encorajadoras soam como música aos ouvidos e ecoam a mensagem: é bom descobrir quem você é e o que você quer. Com essa mensagem de ânimo, mesmo que eles encontrem obstáculos pelo caminho, não ficarão pessimistas por muito tempo.

Ame-os e acredite neles. Jean e George disseram aos filhos: "O que quer que desejem, desejaremos também". Esse apoio amoroso é a luz da inspiração que guiará nossos filhos no caminho da realização dos próprios sonhos.

Tente compreendê-las

As crianças precisam de pais que as compreendam. Não importa se estão aprendendo a andar de bicicleta ou a preparar o café da manhã pela primeira vez. Elas estão desenvolvendo habilidades novas e precisam que você compreenda que a vida é difícil também para *elas*. Se você for um pai compreensivo, seu filho se sentirá seguro porque saberá que, sempre que precisar, terá seu apoio. Quando a vida for dura com ele e tentar derrubá-lo, ele encontrará consolo e proteção em sua compreensão: "Sei que ficou desapontado, conte-me o que aconteceu". Como disse Courtney: "Meus pais podem não concordar, mas eles sempre tentam entender".

Compreensão significa não só entender o que eles dizem, mas perceber quando estão deprimidos, precisam ficar sozinhos ou estão magoados e frustrados, mesmo que não tenham dito uma só palavra. Seth, um garoto de nove anos, entrou em casa e, como de costume, foi direto à geladeira, mas a mãe percebeu que havia algo errado. Talvez pelo seu jeito de andar ou de balançar a cabeça.

"Você está nervoso?", perguntou ao garoto. Ele fez que não com a cabeça e a mãe não perguntou mais nada, mas comentou: "De qualquer forma, vá com calma". Seth concordou. Mais tarde, contou à mãe que estava tendo problemas com alguns garotos da escola, mas agradecia o fato de ela "não se intrometer". A atitude da mãe deu-lhe a certeza de que podia resolver seus problemas sozinho.

Compreender não significa tirar conclusões apressadas, achando que você sabe o que está acontecendo. Tente entender o significado do que está por trás das palavras.

Quando Leon, cinco anos, derrubou o sorvete no chão e começou a chorar, a mãe tentou acalmá-lo dizendo-lhe: "Não chore, vou comprar outro". Mas ela estranhou a insistência do menino em não querer mais sorvete. Só quando Leon saiu da sorveteria e foi sentar-se sozinho num banco é que a mãe percebeu que ele havia derramado sorvete em sua camiseta de beisebol favorita.

"Você está preocupado com a camiseta?" Ele concordou. "Você está com medo de que a mancha não saia?" Leon balançou a cabeça negativamente. "Está preocupado por não poder usar a camiseta no jogo hoje à noite?". "É isso!"

Quando, afinal, compreenderam o problema, estavam prontos para encontrar uma solução.

Compreender significa deixar que o filho resolva os problemas e não tomar para si a responsabilidade de resolvê-los. Uma criança que está aprendendo a amarrar os sapatos pode ficar muito frustrada, mas mesmo assim não quer que ninguém os amarre por ela. Então, sugira: "O que você acha de tentar desse jeito?". Quando seu filho pedir conselhos, não se apresse em dar-lhe respostas, mas pergunte: "O que *você acha?*". Essa atitude o deixa confiante para solucionar os próprios dilemas. As tensões se dissipam, ele relaxa, e é capaz de enfrentar os desafios que tem pela frente.

Responda às perguntas

Se quiser manter um tipo de relacionamento com seu filho, que lhe dê a certeza de poder contar com você sempre que tiver alguma dúvida, preocupação ou aborrecimento, responda-lhe às perguntas com honestidade. Isso nem sempre é fácil, porque as crianças têm o dom de fazer perguntas difíceis: "Você já cabulou aula?". "O que acontece depois da morte?" "Quem é Deus, mamãe?"

Perguntas constantes são sinal de inteligência. E o fato de a criança questionar as palavras e as ações dos pais não significa desrespeito. Uma criança inquisitiva não fica indecisa diante de pessoas que representam autoridade, inclusive os pais. Uma criança que aceita as coisas passivamente, sem fazer perguntas, é facilmente influenciada. Portanto, respeite as perguntas. E, se não souber respondê-las, diga: "Não sei, é uma boa pergunta", e ajude seu filho a descobrir as respostas. Tente não perder a paciência com os constantes "comos" e "porquês", nem com as perguntas difíceis que certamente virão a seguir.

Quando Megan perguntou à mãe se ela já havia fumado, Karen teve ímpetos de esconder a verdade, mas preferiu ser honesta e não correr o risco de Megan descobri-la perguntando à avó ou até de já saber a resposta e estar apenas testando a honestidade da mãe. Karen respondeu a verdade, o que levou a um diálogo muito aberto entre mãe e filha. Lembre-se de que mentiras, meias verdades e decepções confundem uma criança. Não importa se a pergunta é difícil; a verdade é sempre a melhor resposta. Evitar respostas honestas provoca na criança a sensação de que ela não pode confiar em você.

Agora, eis uma constatação curiosa sobre perguntas: embora seja importante *respondê-las*, é igualmente importante *não fazê-las* em demasia. Talvez você já tenha notado que as crianças, especialmente quando estão entrando na adolescência, ficam na defensiva quando são questionadas, mesmo com a mais simples pergunta. Embora você esteja genuinamente interessado na vida de seus filhos, por alguma razão eles acham que você está sendo xereta, abelhudo e está se intrometendo onde não é chamado.

Os adolescentes contam só o que querem, quando querem. Portanto, a regra é: não faça muitas perguntas a adolescentes, mas responda *sempre* às deles. Você conseguirá sobreviver se tiver em mente que esta é apenas uma fase na vida deles, embora longa! Mas ela também vai passar e, novamente, pais e filhos serão capazes de manter um diálogo normal.

Peça opiniões a eles

Criar filhos é uma via de mão dupla. Não é simplesmente preencher um pote vazio com os seus pensamentos, sentimentos e crenças. As crianças têm idéias, opiniões e pensamentos próprios; basta que você lhes dê a chance de expressá-los. E, se estiver disposto a ouvir, elas até poderão lhe mostrar uma nova perspectiva. Crianças falam a verdade. Nós, adultos, somos um pouco embotados ou já nos esquecemos o que é ser criança.

Enquanto se aprontava para ir ao culto, Molly disse ao pai: "É difícil ir à igreja quando estou me divertindo tanto em casa".

As crianças têm opiniões sobre muitas coisas. Pare um pouco para lhes perguntar: "O que você acha?" ou: "Eu gostaria de saber como você está se sentindo". E ouça as respostas. As crianças têm as próprias observações e sugestões válidas para as coisas mais simples, como o que fazer para o jantar, até as mais polêmicas, como permissão para sair ou a hora de ir para a cama. Michelle propôs forrar as paredes de seu quarto com papel rosa, amarelo e verde. Ficou lindo!

Mesmo as crianças pequenas sabem do que gostam. Martin, aos dez meses, sabia que não gostava de abóbora. Toda vez que o pai lhe dava uma colherada de tal alimento, ele cuspia. Kalle, com um ano, odiava brincar na areia e sujar as mãos.

As crianças são curiosas observadoras do mundo. Incentive-as a se expressarem. Você se surpreenderá ao descobrir o que elas sabem. Lacey disse à tia: "Minha mãe acredita em Papai Noel, mas eu sei que ele não existe".

Quando tinha sete anos, Jill comunicou à mãe: "Eu vou estudar gramática depois de brincar uma hora". E Riley informou aos pais: "Acho que praticar só um esporte é o suficiente para mim".

As crianças têm muito a dizer e, quando solicitadas, surgem com milhares de idéias novas que o deixarão boquiaberto. Quando Manda tinha oito anos, contou-me a respeito de uma nova babá e até conseguiu o telefone dela com a vizinha. Nós a testamos uma noite e Manda me avisou: "Ela não serve, fala demais ao telefone". Eu nunca mais a chamei.

Não despreze os sentimentos e as opiniões de seus filhos. Recentemente, perguntei a um grupo de crianças do primeiro grau o que elas gostariam que os pais fizessem diferente do que costumam fazer. Uma garota levantou a mão e respondeu: "Gostaria que meus pais me ouvissem mais". Muitos outros concordaram e um adolescente acrescentou: "As crianças sabem ouvir melhor do que os adultos".

As crianças também têm algo a dizer e se você estiver aberto, descobrirá que elas sabem coisas incríveis. Envolver-se com um filho dessa forma toma tempo e energia, mas pode ser o início da solução criativa para os problemas.

Aprenda com elas

As crianças têm uma visão extraordinária das coisas e, se você se permitir, pode aprender com elas. A velha filosofia de que os pais sempre sabem o que é melhor para os filhos não é necessariamente verdadeira. Embora a constatação de que passamos a vida aprendendo seja um golpe para o nosso ego, os filhos nos respeitam quando percebem que estamos abertos ao novo aprendizado.

Nem sempre os pais admitem que aprendem com os filhos. Bruce, por exemplo, havia estudado numa escola tradicional e queria que a filha seguisse seus passos e se tornasse uma dama. Assim, proibiu-a de praticar esportes. Ela se rebelou e, secretamente, inscreveu-se nos times de tênis e de basquete. Quando o pai soube, ficou furioso. Mas depois de assistir aos torneios e ver o esforço, o talento e o entusiasmo do público pela performance da filha, teve coragem de reconhecer que estava errado. Não tenha medo de admitir que não sabe. Você não perde a credibilidade quando diz honestamente: "Eu não sei", ou "Não tenho certeza".

Os pais normalmente aprendem algo valioso com os filhos. Paige, por exemplo, ajudou o filho de dez anos a fazer o trabalho de ciências e aprendeu a importância da reciclagem de materiais. Os dois passaram a aplicar em casa o que aprenderam com o trabalho. Desde joguinhos de computador, tendências da moda, novas gírias, até como ligar o vídeo, podemos sempre experimentar algo novo, mesmo que a idade não nos permita aprender com tanta facilidade.

Se quiser continuar aprendendo, mantenha viva no espírito a curiosidade pelo mundo. Para estar conectado com os filhos, participe do mundo deles. Observe e aprenda. Richard, pai de três garotos, estuda com os filhos, de vez em quando, para se manter atualizado e acompanhar as mudanças. "A história da humanidade existe e é estudada desde que entrei na escola, mas hoje os textos são diferentes", observa ele.

Quando aprendemos com nossos filhos estamos enviando a mensagem: "Fico feliz porque você está crescendo". À medida que uma criança cresce ela passa por muitos estágios, muitas fases e transformações. Será mais fácil acompanhá-la se formos flexíveis. Adapte suas regras e atitudes e deixe que elas o guiem. Não seja tão rígido. Quando um adulto diz a uma criança: "Talvez você esteja certo", "Eu não havia pensado dessa forma", ou "Entendo o que você quer dizer", o espírito de todos se eleva naturalmente.

Diga sim, sempre que possível

Sim é uma das palavras mais importantes que podemos dizer aos nossos filhos. Diga sim a eles para que possam dizer sim à vida. A criança que cresce ouvindo a palavra sim, sente-se positiva em relação a si mesma e ao mundo que a rodeia. A criança que ouve o "vá em frente" para a sua ânsia de explorar o próprio mundo aprende a ser otimista e a ter iniciativa. As "crianças sim" têm uma motivação natural e acreditam que são capazes de fazer as coisas acontecerem. Elas estão prontas para assumir a própria busca. Infelizmente, alguns pais mais inseguros acham melhor controlar o filhos com o *não* — dizem não a quase tudo, automaticamente; mas essa é uma atitude perigosa. A criança que cresce ouvindo muitos *não*, sente-se derrotada mesmo antes de arriscar. Torna-se frustrada e, em casos extremos, desesperançada. Ela pára de tentar, desiste e fica deprimida. Essa criança tem olhos tristes.

Os adolescentes, em particular, precisam de muitos *sim*. A meu ver, a criança só pede para fazer aquilo que é capaz. Nunca ouvi uma criança de cinco anos pedindo para dirigir ou para ir à discoteca. Mesmo os pré-adolescentes começam a reivindicar mais privilégios, porque estão prontos para a responsabilidade associada a uma nova aventura. Estão prontos para expandir o próprio mundo e, quando lhes dizemos sim, passamos a mensagem positiva de que acreditamos neles o que, por sua vez, os ajuda a se tornarem mais independentes e autoconfiantes.

Gostaria de salientar, entretanto, que existe uma grande diferença entre dizer sim para ajudar o filho a encarar a vida de forma positiva e dizer sim, indiscriminadamente, permitindo que ele faça tudo o que quiser. Geralmente, os pais excessivamente permissivos usam o "vá em frente" como uma forma de omissão. É muito mais fácil dizer sim do que assumir um interesse ativo pelas atividades dos filhos. Por outro lado, os pais responsáveis sabem o que se passa na vida de seus filhos e dizem sim porque entendem que essa ou aquela experiência serão benéficas. Pais muito permissivos dão a impressão de não se importarem muito, enquanto os "pais sim" estão atentos ao que acontece aos filhos, ao mesmo tempo que lhes permitem expandir os próprios horizontes.

Quando uma criança fizer perguntas, dê a ela uma resposta positiva e afirmativa. E, se não puder dizer sim, tente dizer: "Parece interessante, vamos conversar a respeito". O *sim* abre as portas das possibilidades e as janelas da oportunidade. O *sim* cria uma atmosfera de cooperação e excitação; transforma o mundo num lugar mais amistoso. O *sim* permite que seu filho se mova e explore o mundo em que vive.

Sempre que necessário, diga não

Há momentos, é claro, em que você deve dizer não. À medida que a criança cresce e começa a se conhecer, ela precisa de modelos para pautar seu comportamento e irá buscá-los nos pais. Você precisa estar pronto para estabelecer limites; não pode pular no sofá, só pode usar a caixa de fósforos com um adulto por perto, nada de televisão depois das dez, tem de usar cinto de segurança, tem de segurar na mão para atravessar a rua.

Estabelecer limites é diferente de castigar. Castigar é infligir dor que, ao contrário de ensinar, provoca emoções como o medo e a raiva. Não há razão para castigar. Censurar, ameaçar, fazer sermões e controlar também não funcionam; essas atitudes levam a brigas e disputas de força desnecessárias. Em vez de um ditador autoritário, pense em você como um treinador compassivo, comunicando as regras fundamentais — é assim que jogamos.

Um pai dedicado diz não de forma honesta, no momento certo e com a preocupação de não envergonhar o filho ou deixá-lo embaraçado. Alan e Kate responderam não a um pedido do filho e continuaram com uma longa explanação e com um sermão esperando que o menino entendesse o porquê do não. Ele encarou os pais e disse: "O discurso de vocês não vai me fazer gostar da decisão que tomaram". Ele não precisava de um sermão atrás do não. Dizer não sem muitas explicações evita cair na armadilha das intermináveis e supérfluas discussões.

Para dizer não no momento certo e de forma apropriada é preciso ter honestidade emocional, isto é, seguir as mesmas regras impostas aos filhos. Dave pragueja como um marinheiro mal-humorado, e se pergunta por que o filho de quatro anos faz o mesmo. Os filhos seguem os exemplos dos pais. Portanto, se não quiser ouvir seu filho falando nomes feios, não os fale. Isso é ser coerente e honesto com as regras impostas.

Use o não como uma ferramenta pacífica para orientar e guiar. Pensamentos, sentimentos e emoções são aceitáveis, mas comportamentos indesejáveis, não. Evite ser permissivo demais e deixar os filhos fazerem o que bem entendem. Quando as crianças se comportam mal, precisam da ajuda dos pais para controlá-las. Esforce-se para impor limites aprazíveis e buscar soluções criativas. Você não está sendo um carrasco ou uma megera quando impõe disciplina dessa forma, mas está agindo em benefício de seu próprio filho. Lembre-se de que o objetivo da disciplina é alcançar a autodisciplina. As crianças sentem segurança e liberdade interior quando percebem que aprenderam a dirigir a própria vida — uma força que, certamente, precisarão para se tornarem adultos auto-suficientes, capazes de usar plenamente todo o seu potencial.

Respeite o não deles

Tenho certeza de que você já observou que crianças de dois anos passam a maior parte do tempo dizendo não a tudo. Muitas vezes, o não é a primeira palavra que aprendem. Isso pode ser muito frustrante para os pais porque, em geral, eles não compreendem o quanto é significativo o que está por trás desse não.

Dizer não é a primeira forma de a criança se afirmar como indivíduo e um sinal de que ela está começando a compreender que é uma pessoa separada da mãe e do pai. Dizer não é a primeira forma de ela se sentir poderosa. A fase do não começa aos dois anos e vem à tona novamente na adolescência, com uma ferocidade incrível. Isso é perfeitamente natural. Relaxe e lembre-se de que, às vezes, o não significa apenas "agora não" ou "não estou pronto".

Quando tinha dois anos, Parker insistia em escolher as roupas que ia vestir. Ele jamais usava macacões, apesar de o guarda-roupa estar repleto deles. Parker decidiu que odiava os macacões, e pronto! Em vez de se envolver numa luta para medir forças com o filho, a mãe chegou à conclusão de que o comportamento de Parker demonstrava maturidade; afinal, ela também detestava quando lhe diziam o que vestir. Respeitar o não, mesmo que, aparentemente, sem lógica, permite aos filhos praticarem a própria independência e aprenderem que eles são capazes de influenciar os acontecimentos de suas vidas.

Lembre-se de valorizar também o não silencioso, respeitando a privacidade e o espaço físico e emocional dos filhos. Isso significa não xeretar diários, remexer gavetas, ouvir conversas telefônicas, ler correspondências etc. Eu aprendi essa lição da forma mais difícil, quando resolvi ler as mensagens do livro de recordações de Amanda. Ela ficou furiosa comigo, e com razão. Eu errei por ter sido tão bisbilhoteira. Às vezes, podemos transformar um não em sim, admitindo que erramos. No ano seguinte, me surpreendi quando Manda, voluntariamente, permitiu que eu lesse o seu livro de recordações.

Uma das formas de evitar ouvir um não atrás do outro é dar aos filhos a chance de escolher. Por exemplo: "Você prefere jogar o lixo ou arrumar a mesa?" ou: "Você vai cortar a grama sexta-feira à noite ou sábado de manhã?". Permita a seu filho controlar a própria vida, ofereça-lhe muitas escolhas e, certamente, você ouvirá menos *não*.

A criança que sabe que os pais respeitam sua independência não tem necessidade de se rebelar. Geralmente, os adultos mais revoltados e deprimidos são aqueles que foram rigidamente controlados quando crianças. A eles não foi permitido descobrir a própria identidade e fazer as próprias escolhas. Certo ou errado, eles foram obrigados a aceitar obedientemente a autoridade dos pais.

Respeitar a individualidade dos filhos significa não se intrometer, não xeretar, não escutar conversas furtivamente e permitir que eles digam não dentro de casa, para que estejam prontos a fazê-lo quando as tentações do mundo lá fora começarem a rodeá-los. Longe de casa, eles precisarão dessa força pessoal.

Aceite os erros

As crianças não têm medo de tentar algo novo e, muito menos, de falhar e tentar novamente. Por que será que nós, adultos, nos atemos aos erros — aos nossos e aos de nossos filhos? Por que será que é tão difícil aceitarmos que nossos filhos são pessoas comuns e que cometem erros? Por que ficamos tão ansiosos sempre que eles fazem alguma bobagem?

Talvez você sofra da crença, inconsciente, de que para manter o sucesso e o bem-estar é vital estar sempre bem, pelo menos aparentemente, e fazer tudo certinho. E, sempre que algo dá errado, a falha é sua. Às vezes, as expectativas dos pais são tão grandes que os filhos desistem antes de começar. O medo de falhar pode estar inibindo seu filho e impedindo que ele dê o melhor de si, porque os erros são a base sobre a qual construímos o sucesso.

Especialistas em motivação afirmam que os erros em si não têm um papel relevante na realização ou não de nossas metas, o que faz a diferença é a nossa *atitude* diante dos erros. Entretanto, alguns pais não conseguem conviver com a idéia de que cometer erros é parte do processo. Você provavelmente já presenciou pais, em eventos esportivos, que ficam do lado de fora, ansiosos, gritando instruções rígidas aos filhos. Provavelmente, sentiu pena das crianças e se perguntou: "O que se passa com eles para que o êxito dos filhos tenha se tornado uma questão de vida ou morte?".

Se você é daqueles que está o tempo todo examinando cada detalhe da performance do seu filho, é bem provável que ele se torne um perfeccionista frustrado, o que, a longo prazo, o destruirá. Júlia não media esforços para assegurar-se de que o filho Mark se superasse na escola. Recompensava notas altas com dinheiro e o proibia de brincar quando tirava notas baixas. A cada ano, Mark dobrava esforços para atender às expectativas da mãe e sempre que errava referia-se a si como "burro".

Embora errar seja frustrante, não é nenhuma catástrofe, e é bom que as crianças saibam disso.

Um estudo científico sobre o assunto demonstrou um resultado interessante: Dois grupos de estudantes assistiram às aulas de matemática e português de manhã, quando foram introduzidos novos problemas e novas palavras para ditado. Em seguida, tiveram um intervalo para o lanche e, enquanto um grupo tinha mais um tempo para descanso, o outro voltava para estudar. Depois do intervalo, eram submetidos a um teste. Esse esquema continuou durante o dia todo. Foram feitas algumas descobertas curiosas: (1) as palavras e os problemas que os alunos fixaram foram exatamente aqueles que tinham errado no primeiro teste, e (2) os alunos que foram repreendidos e obrigados a estudar com mais afinco continuaram obtendo os piores resultados, enquanto os que foram levados a aprender com os próprios erros, de forma divertida, tiveram melhor aproveitamento.

Todos nós erramos, mas o vencedor sabe que o sucesso se consegue com perseverança: tentar, falhar, aprender e repetir novamente até conseguir. E, mais importante, um vencedor não gasta energia com autocensura ou autocrítica exageradas. Ele continua praticando, dá uma pausa, e tenta novamente. Quando mudamos nosso foco de atenção e passamos a dar mais importância ao conhecimento adquirido do que à tentativa de evitar erros, as crianças se dispõem a tentar novamente.

Admita os próprios erros

Como pais, já cometemos todos os tipos de erros e já fizemos algumas escolhas desastrosas. Ao amadurecer, erramos uma meia dúzia de vezes e é provável até que tenhamos algum segredo vergonhoso escondido a sete chaves. Como pais e adultos, também falhamos e, muitas vezes, fomos mal-orientados. Em algumas ocasiões, agimos levados pela raiva e não pelo amor. Apesar de termos essa consciência, por que é tão difícil admitirmos nossos erros honestamente diante dos outros e, principalmente, diante de nossos filhos? Talvez porque nos ensinaram que os pais devem dar bons exemplos e que reconhecer os erros causa má impressão. Talvez essa seja a razão pela qual achamos que devemos ser perfeitos, mas no fundo sabemos que não somos.

Se fôssemos verdadeiramente maduros, reconheceríamos, no ato, quando magoamos alguém e, rapidamente, pediríamos desculpas a essa pessoa. À medida que passamos a agir assim, estamos forjando o comportamento que queremos de nossos filhos. Quer admitamos quer não, as crianças sabem quando fracassamos; portanto, quando um filho entrar em confronto com você questionando sua má conduta, reconheça que errou. É um alívio muito grande para as crianças saber que os pais reconhecem a própria falibilidade. Sabemos o quanto é desagradável dizer algo e ser contestado com o comentário: "Isso não é verdade". Acabamos nos sentindo péssimos. As crianças também se sentem mal quando ouvem algo parecido dos pais. Mas se reconhecemos: "Sim eu estava errado" ou "Que bom que você tocou nesse assunto", abrimos um canal de comunicação para uma troca verdadeira entre nós e nossos filhos.

Quando uma criança se sente ofendida, às vezes ela se retrai, fica amuada, mal-humorada, ou revida violentamente. Fique atento a esses momentos e pergunte a seu filho: "Eu fiz algo que o magoou?". "Você ficou desapontado comigo?" "Eu te humilhei?" Se ele estiver magoado, não tente abrandar a crise dizendo: "Não há motivo para ficar tão perturbado!".

Quando a situação merece um pedido de desculpas, faça-o sem pudor, e aja com coerência. Alguns pais dizem: "Me perdoe", mas não mudam o comportamento, e o pedido de perdão perde o significado.

A mãe de Sarah vivia fazendo comentários sobre a bagunça do quarto da filha, envergonhando-a na frente dos amigos. Várias vezes Sarah pediu à mãe que parasse e, embora ela se apressasse em pedir desculpas à filha, na semana seguinte estava fazendo os mesmos comentários.

O pai, corajoso, após um pedido de desculpas, faz uma auto-análise para refletir sobre a necessidade de uma mudança verdadeira de comportamento. Quando você conseguir admitir que errou e pedir desculpas, seu filho respeitará sua humildade. Quando muda o comportamento, ele reconhece sua coragem interior. Não importa se grande ou pequena, quando você admite que cometeu uma injustiça, está dando o primeiro passo em direção à construção de uma ponte entre você e seu filho. Quando do perceber que errou, não tente se justificar, disfarçar, esconder ou encobrir a verdade. Admita o erro e peça desculpas, mude seu comportamento, ria do fato e vá em frente.

Toque seu filho com carinho

O toque é uma expressão de amor que vai muito além das palavras. É a primeira forma de comunicação entre a mãe e o bebê e, durante toda a vida, será a nossa mais vulnerável e sensível ligação com os outros.

Não é difícil entender a linguagem do toque porque ele traz consigo uma carga de emoção. Um toque leve e suave pode expressar o amor terno pelo filho. Ele diz: "Eu gosto de você". Um abraço quente e carinhoso comunica: "Eu vou cuidar de você". O abraço afetuoso transmite a mensagem: "Você está seguro". Será que o seu toque é gentil e carinhoso? Ou você é daqueles que bate, puxa, empurra, cutuca, aperta, belisca, surra ou espanca? Os pais que recorrem a esse tipo de toque para educar os filhos acabam gerando ressentimento, ódio, e nada mais. É claro que esse toque, momentaneamente, chama a atenção da criança, mas a longo prazo, criará uma parede de isolamento. As crianças que apanham aprendem rapidamente a fazer o mesmo. Elas têm consciência de que bater nos outros é errado, mas não conseguem parar. Elas imitam os pais, apelando à força física para expressar as próprias frustrações. Acham que se forem as maiores e as mais fortes, poderão bater nos outros impunemente, afinal, os seus pais sempre escaparam impunes. Eu recomendo uma abordagem diferente.

Você já notou o fenômeno maravilhoso que ocorre quando alguém toca sua mão com carinho e sensibilidade? O *stress* e a tensão se dissolvem. O medo recua. Os bebês adormecem nesses braços confortantes. As crianças relaxam e se acalmam com um toque terno e suave. E, para o bom entendedor, meia palavra basta; especialistas concordam que experiências sexuais prematuras são geradas pelo anseio de um toque amoroso. Portanto, afague e aconchegue seu filho sempre que puder. Quando ele crescer, abrace-o afetivamente sempre que estiver por perto. Andem de mãos dadas, se ele permitir. Mas, lembre-se: nunca force um toque ou um abraço, porque, como todos nós, ele tem o direito de manter uma área de segurança em volta do seu próprio espaço físico.

Quando tinha doze anos, Craig não queria que a mãe o abraçasse, mas, às vezes, quando estavam de pé, lado a lado, ele se encostava nela. Era o seu jeito de tocar sem muita proximidade. Tony pediu ao avô: "Por favor, não me abrace na porta da escola". O avô entendeu e passou a se despedir do neto com uma piscadela. Mas se a criança acender a luz verde, abrace-a com ternura, para que o seu toque seja uma fonte de conforto e segurança com o qual ela poderá contar sempre que precisar.

Mostre que qualquer sentimento é bem-vindo

Os sentimentos fazem parte do ser humano e trazem sensibilidade à vida. Sem sentimentos, todos nós seríamos robôs previsíveis, controlados por pilotos automáticos, enfadonhos, tediosos e inexpressivos. As crianças que têm liberdade de expressar os sentimentos, inclusive aqueles não tão "bonitos", levam uma grande vantagem, pois acreditam em si mesmas e se relacionam bem com os outros. Das várias nuances do medo e da raiva até as expressões sutis de amor e contentamento, você e seu filho vão experienciar uma miríade de emoções de intensidades diferentes. Isso é normal.

Aceite os sentimentos de seu filho como manifestações naturais e não se perca em conjeturas sobre o sentido ou não desses sentimentos. Muitas vezes as emoções surgem em duplas contraditórias: avidez e hesitação, tristeza e felicidade, amor e ódio. Nós podemos ter dois ou mais sentimentos ao mesmo tempo; portanto, não se detenha num só. Vou dar um exemplo do que estou dizendo: Certa vez, quando tinha sete anos, por alguma razão, Manda ficou furiosa comigo e começou a gritar: "Eu te odeio, eu te odeio!". Em seguida, correu para o quarto, chorando alto, e bateu a porta. Mais tarde, passando pelo corredor, vi um papel pendurado na maçaneta, com os dizeres: "Querida mamãe, odeio você como jamais alguém odiou! Com amor, Manda".

Nunca diga a uma criança que é errado sentir o que ela está sentindo. Se você fica constrangida com emoções negativas, lembre-se de que quando um sentimento negativo é expresso e não julgado, milagrosamente, ele perde o poder de destruição; só quando esses sentimentos são reprimidos e internalizados é que causam grandes estragos. Quando aceitamos as emoções de uma criança, ela se sente menos só, menos raivosa e medrosa, mais segura de si e menos compelida a se comportar de forma rude e ansiosa.

Ao expressar qualquer tipo de sentimento — raiva, medo, ou alegria —, a criança não espera julgamento, lógica, conselho ou apoio. No meio de uma explosão emocional, ela não quer explicar ou justificar; ela quer apenas ser compreendida. Seja qual for o sentimento, a criança quer apenas a sua compreensão e, se a tiver, sentirá um grande alívio, porque sabe que pode confiar em você. A aceitação desses sentimentos faz com que eles se dissipem e a criança se acalme.

Os pais que não conseguem tolerar as emoções dos filhos só os conhecem superficialmente; haverá sempre uma distância entre eles, jamais conseguirão se aproximar e se conhecer profundamente. Mas aqueles que aceitam as ondas de sentimentos contraditórios dos filhos e de si próprios, conseguem criar um relacionamento profundo e autêntico.

Descubra as emoções verdadeiras

Como pai, o seu grande desafio é entender o que acontece interiormente com você e com o seu filho; essa tarefa fica especialmente difícil se, quando criança, você foi reprimido, ridicularizado ou repreendido por sentir o que sentia. Se isso aconteceu, provavelmente, você ficou desconectado de suas próprias emoções e, hoje, fica confuso quando um filho expressa alguma emoção que você não entende. Para educar um filho e ajudá-lo a se tornar um adulto plenamente realizado é preciso estar em sintonia com os sentimentos dele, inclusive aqueles que nem ele compreende. É preciso usar a intuição para descobrir o que está acontecendo, porque nem sempre ele revelará o que sente. Este é um dos aspectos mais desafiantes da paternidade.

Quando uma criança se mostra irracional, incontrolável, ansiosa, retraída, nervosa, mal-humorada, ou se comporta de forma estranha, ela está lutando com sentimentos que não consegue expressar. Sua tarefa é ajudá-la a descobrir que sentimentos são esses. Quando os Miller levaram o bebê recém-nascido para casa, achavam que Erica estava preparada para aceitar a irmãzinha. Os pais tiveram o cuidado de dar toda a atenção a Erica e, portanto, quando ela começou a gritar e se atirar no chão sem motivo aparente, eles ficaram desnorteados. Enquanto Linda amamentava o bebê, Erica ficava sentada num canto, chorando. A tentativa da mãe de tranqüilizá-la não surtiu efeito, até que Linda resolveu mudar de tática e perguntou à filha: "Você está com muita raiva, não é?". Em seguida, deu-lhe uma boneca e disse-lhe: "Mostre a sua raiva". Erica torceu o pescoço e espancou a boneca até se cansar. Linda não castigou a filha, apenas pediu: "A próxima vez que estiver muito brava, conte para a mamãe". Depois de mais alguns choros desabalados e a aceitação bondosa da mãe, o ciúme de Erica abrandou.

Os pais têm a tendência de tratar os filhos da forma como eles foram tratados. Clarke sempre se mostrou um homem irritado e negativo. Ele reclamava, fazia troça e ridicularizava todo mundo, nunca estava feliz ou bem-humorado e era muito genioso. Mesmo assim, ficou chocado quando o filho Jason, ao ser contrariado, começou a atirar objetos pela casa. Clarke castigava Jason por ser tão destrutivo e não entendia por que sua vida familiar era tão tensa.

As crianças são pequenos espelhos que refletem a nossa vida emocional. Se você não entende o que seu filho está sentindo, preste atenção aos *próprios* sentimentos. Pare e pergunte: "O que eu estou sentindo? O que está acontecendo dentro de mim?". E descobrirá, como Clarke descobriu, que *ele* era o problema e que as atitudes de Jason apenas refletiam o seu dentro de casa. Quando Clarke mudou suas atitudes, Jason também mudou. Se conseguir sintonizar sua voz interior, você será capaz de compreender melhor os verdadeiros sentimentos de seu filho.

Deixe-os chorar

As lágrimas têm dimensões diversas. Há lágrimas de dor e sofrimento, de alegria e de felicidade. Há o choro alto do recém-nascido, avisando: "Estou com fome" ou "Estou só, preciso de colo". A mãe aprende rapidamente a entender o significado do choro do bebê.

Mas não são só os bebês que choram. À medida que crescem, é claro, há muitos momentos em que meninas e meninos precisam chorar. As lágrimas são um meio natural de curar um coração magoado e esquecer o desapontamento. Elas podem também significar um arroubo de felicidade e o transbordar de um coração cheio de alegria. Embora seja perturbador ver um filho chorar, às vezes, o choro é o único meio de as crianças expressarem os seus sentimentos e se acalmarem.

Nunca tente interromper o choro de um filho, mesmo que essas lágrimas o deixem desesperado; ele se sentirá envergonhado e aprenderá a reprimir as emoções. Se quiser, quando vir um filho chorando, pergunte-lhe calmamente: "Posso abraçá-lo?". Se ele aceitar, abrace-o gentilmente e explique-lhe que chorar é natural, que as lágrimas mostram que ele é uma pessoa sensível e amorosa. Não faça julgamentos nem o deixe embaraçado. Deixe-o chorar até que esvazie a dor e a mágoa do seu coração e só então pergunte-lhe o motivo das lágrimas.

Não o obrigue a falar porque muitas vezes nem ele sabe por que está chorando. Às vezes, as lágrimas são a única expressão possível naquele momento. Se você não interferir, elas trarão alívio e logo ele estará cheio de energia e feliz novamente.

Quando Jerry quebrou a janela do vizinho, com a bola de beisebol, correu para casa desesperado e soluçava tanto que nem conseguia respirar. Nenhuma palavra de conforto mudaria a situação naquele momento — o pai mostrou compreensão, pôs o filho no colo e não disse uma palavra. Quando finalmente ele conseguiu parar de chorar e contar o que havia acontecido, o pai começou a rir. "Jerry, no estádio de beisebol essa jogada teria valido muitos pontos!" E com isso os dois saíram para resolver o problema com o vizinho. Que bênção e que alívio para uma criança quando ela tem um pai compreensivo!

Não esconda as suas lágrimas

Da mesma forma que não podemos reprimir as lágrimas das crianças, jamais devemos reprimir as nossas. Chorar é natural em nossa trajetória como pais, e as lágrimas virão de várias formas. Há lágrimas de alegria, quando você carrega nos braços pela primeira vez o bebê recém-nascido; e lágrimas de arrependimento, quando percebe que agiu levado pela raiva ou disse algo que não queria dizer. Há lágrimas de angústia, quando percebe o sofrimento de seu filho; e lágrimas de alívio, quando ele chega em casa são e salvo.

Às vezes, as lágrimas surgem quando menos se espera. Alguma coisa que seu filho disse ou fez, de forma tão inocente e ao mesmo tempo tão profunda, faz com que elas escorram pela face, inesperadamente. Por exemplo, Marcus levou a enteada, Janey, a um jantar oferecido pela escola para pais e filhas. Uma a uma as garotas se levantavam, apresentavam os respectivos pais e diziam algumas palavras. Quando foi a vez de Janey, ela leu um discurso que começava dizendo: "O que o meu padrastro fez por mim...". Marcus quase não acreditou quando a filha de oito anos recitou uma lista de coisas que ele lhe havia ensinado, algumas delas havia tanto tempo, que ele até esquecera. "A primeira coisa que o meu padrasto me ensinou foi amarrar o tênis. Ele era muito paciente. Ele me ensinou a andar de bicicleta e a dar cambalhotas. Meu padrasto me ensinou a usar um martelo e a pintar o meu quarto..." A lista continuou e terminou com a informação: "Agora ele está me ensinando a dirigir o seu barco. Eu te amo, papai". Janey sentou-se e segurou a mão de Marcus, que não pôde conter as lágrimas.

Ser pai ou mãe implica chorar. Não se preocupe muito com o *porquê* — o importante é deixar o choro fluir e trazer alívio. As lágrimas purificam, limpam a sujeira e clareiam a visão. Depois de um bom choro, você se sentirá aliviado. As lágrimas são um sinal de que o seu coração está aberto; você está vivo e alerta às chamadas do coração — o calor está lá. Não há nada a esconder ou de que se envergonhar. Se você permitir que as lágrimas fluam livremente, algo maravilhoso acontece e, em segundos, você estará sorrindo à vontade. Lágrimas e sorrisos caminham juntos — às vezes choramos de tanto rir, outras, choramos tão forte que começamos a rir.

Alguns pais têm a noção errônea de que deixar um filho perceber que estão aborrecidos é prejudicial. Essa idéia não é necessariamente verdadeira, desde que não se imponha ao filho a responsabilidade de confortá-los. Certa vez, eu estava sentada à beira da cama, chorando, quando Manda, então com seis anos, sentou-se ao meu lado e, carinhosamente, passou o braço em volta do meu ombro. Quando encostei minha cabeça no seu ombro ela disse: "É como se eu fosse a mãe e você a filha". Eu concordei e ela acrescentou: "Tudo bem mamãe, pode chorar, mas você não se incomoda se eu fechar a porta? Você está me incomodando". Ela me deu um beijo, saiu e finalizou: "Se precisar pode me chamar".

Dê espaço para as brigas e para o mau humor

De tempos em tempos, alguém da família vai estar mal-humorado, aborrecido, temperamental ou simplesmente difícil de conviver. Todas as famílias têm desentendimentos, pequenos aborrecimentos e reclamações, uns dos outros. Mas as brigas e as excentricidades não devem estragar o seu dia ou a vida familiar. Se você teve um dia ruim, não há razão para descontar no parceiro ou no filho; e também não há necessidade de se sentir péssimo porque a esposa — ou o marido — passa por um momento complicado e está difícil lidar com as crianças.

Adam e Theresa queriam que todos se dessem bem em casa e fossem felizes. Eles eram contra brigas familiares e nunca deixavam que os sentimentos negativos viessem à tona. Jamais brigavam e esperavam que os filhos fizessem o mesmo. Se as crianças respondiam malcriadas ou brigavam entre si, eles procuravam "pôr panos quentes". Isso funcionou até que um dos filhos começou a usar drogas. A partir daí, procuraram uma terapia familiar, em que conseguiram revelar muitos conflitos mal-resolvidos e cheios de mágoas. Embora a vida familiar deles seja desagradável de vez em quando, hoje, eles sabem que é melhor enfrentar os problemas no momento em que surgem do que colocá-los numa panela tampada e deixar que fervam.

Eles começaram adotando alguns passos para a resolução de

seus conflitos. Primeiro, marcar encontros para discutir as preo-cupações. Segundo, permitir que todos se manifestem, sem ser interrompidos, julgados, acusados ou questionados. Terceiro, realizar uma sessão de debate livre na qual todos dêem opiniões e sugestões para chegar a possíveis soluções. Quarto, dar um tempo para reflexão. Todos avaliam as sugestões apresentadas e o que estão dispostos a fazer para resolver o problema em ques-tão. Quinto, escolher a solução por consenso e comprometer-se com ela, se necessário. Sexto, colocar em prática a solução e preparar o próximo encontro.

É uma boa idéia ensinar os filhos a exprimirem suas insa-tisfações e a responderem às reclamações dos pais. Deixe claro que eles podem discordar e que você não irá humilhá-los por isso. Mostre a eles que, juntos, vocês podem chegar a soluções criativas.

Lembre-se de que nem sempre é possível agradar os filhos quando lidamos com querelas e disputas familiares. Se tentar, você enlouquece. Da mesma forma, eles não irão agradá-lo sempre, portanto, não os faça sentir que devem. Você não tem de estar com a razão o tempo todo e, se estiver, não precisa bradar aos quatro ventos que está certo. Não agrave o problema transformando-o numa questão de quem está certo ou errado. Escolha as suas batalhas com cuidado. Se lidar com as peque-nas coisas como se fossem grandes problemas, as questões ver-dadeiramente importantes se perderão na parafernália. Passe por cima das rusgas fúteis e lembre-se de que as discussões saudáveis com soluções simples levam a uma comunicação espontânea e a uma vida familiar mais cooperativa. E o fato de ter uma pessoa ranzinza na família não significa que a casa toda deva viver alvoroçada.

Ensine seus valores por meio de exemplos

As crianças aprendem observando os pais. Os valores não são ensinados diretamente, mas, sim, assimilados e absorvidos, e por um processo sutil de identificação os filhos imitam os pais. Por exemplo, se você dá valor às boas maneiras, mas é rude com os filhos, eles jamais agirão com polidez. Se você dá valor à gentileza, seja gentil com seus filhos. Eles registram muito mais o que você faz do que o que você diz. O velho clichê: "Faça o que eu digo e não o que eu faço" não só é pouco eficiente, como também passa mensagens ao mesmo tempo confusas e injustas para a criança.

A família Dalton dava muito valor ao dinheiro. Todos os dias, durante o café da manhã, eles discutiam sobre a conta bancária e conferiam juntos o mercado de ações. Eles gastavam dinheiro com cautela, mas procuravam sempre comprar o melhor. Quando saíam para jantar com amigos, dividiam a conta meticulosamente. Conversavam muito sobre o preço das mercadorias e ficavam muito orgulhosos por saberem economizar. Eles cobravam aluguel dos filhos e viviam fazendo comentários sobre o custo de vida. Ficavam confusos porque os filhos não conseguiam se manter no emprego e estavam sempre pedindo dinheiro emprestado.

O rapaz de vinte anos se recusava a trabalhar por um salário mínimo, embora tivesse comprado um belo jipe. "Por que o dinheiro não é tão importante para eles como é para nós?", se perguntavam os pais. À primeira vista, isso parecia verdadeiro, mas observando-se mais cuidadosamente ficava claro que os filhos eram *exatamente* iguais aos pais. Eles também pensavam em termos de dinheiro: quanto ganhamos, quanto podemos economizar e o que podemos comprar. Os Dalton queriam ensinar aos filhos os princípios de gerenciamento financeiro, mas acabaram passando a eles o amor pelo dinheiro.

Ensinar valores é um encargo muito delicado. Que valores você quer passar para os filhos? Você pratica o que prega? Você valoriza a honestidade, mas quando eles contam a verdade, os castiga? Rose perguntou à filha de quatro anos: "Jena, você pintou as paredes?".

"Não", respondeu a menina, apavorada.

"É melhor dizer a verdade", alertou Rose. Quando Jena confessou, a mãe jogou fora os lápis de cor, bateu na filha e fez um sermão por ela ter mentido. O que Jena aprendeu? Que dizer a verdade machuca.

Lembre-se: você está ensinando com o seu exemplo, diariamente. Pratique a honestidade emocional, incorporando os valores que quer incutir nos seus filhos. Se o seu lar é um lugar calmo, acolhedor e seguro, pode estar certa de que você está fazendo a sua parte.

Respeite as diferenças

Não existem duas crianças iguais. A partir do segundo mês de vida, o bebê, menino ou menina, já está desenvolvendo uma personalidade única. Alguns bebês sorriem mais livremente, outros são mais sérios e mais contidos. Há bebês calmos e quietos, enquanto outros estão constantemente mexendo braços e pernas. Alguns bebês dormem demais, outros permanecem acordados por mais tempo. Uns são geniosos, outros sociáveis. Há bebês sensíveis a estranhos, enquanto outros são pequenos atores que adoram chamar a atenção. Alguns bebês se entretêm sozinhos, outros precisam de estímulos constantes.

Assim como há diferenças na aparência e no temperamento, há também variações no que diz respeito a aprendizado, talento, estilo, interesses e habilidades. Algumas crianças fazem cálculos matemáticos num piscar de olhos, outras se sobressaem no desenho. Umas adoram esportes competitivos, outras preferem ficar sozinhas no topo de uma árvore, lendo um livro. Há crianças que passam horas nos joguinhos de computador enquanto outras gostam de estar rodeadas de amigos ou falando ao telefone. Existem crianças amáveis e cooperativas e crianças que brigam pelo seu ponto de vista o tempo todo. Mas essas diferenças, ao mesmo tempo que tornam a vida mais complicada, deixam-na também mais vibrante. *Vive la différence*!

Uma vez que todos são diferentes, não há necessidade de se fazer comparações. Se você tem tendência a se comparar com os outros, provavelmente estará inclinado a comparar o seu filho com outras crianças, ou comparar os próprios filhos entre si. Comparação é uma espécie de doença: ela produz contenção — e não a competição saudável como a que é promovida pelo esporte, mas um profundo senso de inadequação e de inabilidade. Nesse tipo de competição é preciso ser o *melhor* exclusivamente para se sentir bem.

Muito cedo, alguns pais já começam a fazer comparações sem o menor sentido. Sempre haverá alguma criança, em algum lugar, mais inteligente, talentosa ou gentil do que a sua. Num ambiente escrutinador e discriminativo, a criança não tem a chance justa de se desenvolver como um indivíduo único e especial.

Cada criança tem o seu tempo natural de crescer e aprender, e comparações não fazem parte desse contexto. Lembre-se: um bebê não aprende a andar só porque é comparado a outros bebês; pelo contrário, de certo modo, ele aprende a andar quando é elogiado por fazer um péssimo trabalho na tentativa de andar. Quando ele fica de pé, dá dois passinhos e cai, o pai e a mãe deixam de lado o que estiverem fazendo para gritar: "Johnny está andando!", e o aplaudem com entusiasmo. Eles até registram o evento no livro do bebê. Mas imagine o que aconteceria se eles dissessem: "Está mais do que na hora... com essa idade sua irmã já estava correndo pela casa". Certamente, Johnny teria medo de tentar novamente!

Jogue fora esse instrumento medidor imaginário. O seu prazer será mais intenso à medida que esses seres únicos e especiais florescerem sob a luz do seu amor incondicional.

Compartilhe seus sonhos

Todo mundo sonha. Sonhamos enquanto dormimos e sonhamos acordados, temos desejos e anseios secretos, e o mesmo acontece com as crianças. Todo mundo pensa no futuro. Como nós, as crianças também imaginam como será o seu amanhã. Planejar e desejar, visualizar e sonhar são os primeiros passos em direção a nos tornarmos a pessoa que queremos ser. Sonhos e desejos precisam ser compartilhados. Quando compartilhados em alto e bom som, eles adquirem novas dimensões. Compartilhar os sonhos nos ajuda a abrir as portas do autoconhecimento.

Certa vez, Wendy, uma garota de cinco anos, me disse: "Eu tive um pesadelo horrível".

— Desenhe esse sonho — eu lhe disse.

— Não posso — ela respondeu, suspirando.

— Você não gostaria de tentar?

Ela pegou o papel e os lápis de cor e desenhou os animais mais coloridos que já vi.

— Que colorido! — exclamei.

— É, eu sou ótima desenhista. Posso pendurá-lo na parede? — perguntou.

— Eles não vão mais nos assustar porque eu os desenhei muito felizes — acrescentou.

Ela transformou um pesadelo num desenho alegre. E, sem precisar forçar, as imagens do sonho se desemaranharam por si só.

Quando contamos um sonho, o seu significado não tem a menor importância. Quando compartilhamos uma fantasia, não importa se ela vai se tornar realidade. Muito mais valioso do que isso é a ênfase que damos à troca, ao desenrolar das imagens, ao aprendizado e aos *insights* mútuos que surgem dessa experiência. Compartilhar os sonhos é uma forma de conhecer os outros e de se conhecer melhor.

Outra atividade importante para o autoconhecimento é confeccionar um mapa de sonhos. O mapa de sonhos é um pôster com figuras e palavras que representam tudo aquilo que desejamos. Recorte figuras e palavras de revistas que simbolizem os seus desejos. Faça uma colagem, pendure num lugar em que possa vê-la diariamente, e observe o que acontece.

Quando tinha doze anos, Jody me disse que estava deprimida e que nada a estimulava. Não tinha objetivos e nenhuma motivação. Sugeri a ela que fizesse um mapa de sonhos e o trouxesse ao consultório para conversarmos sobre ele. Três semanas depois, ela trouxe o mapa e comentou cada figura. Ela se surpreendeu com as revelações do mapa. Pouco tempo depois, Jody começou a andar de bicicleta, exatamente como no mapa.

Qualquer coisa começa com uma idéia, um sonho, uma visão. Se encorajarmos os filhos a exercitarem e compartilharem sonhos e aspirações, eles poderão se tornar realidade. Uma noite, como aconteceu com os pais de Anthony, você também poderá acordar com seu filho à beira da cama, falando sobre os planos de se tornar ator. Anthony fez um teste no teatro e conseguiu um papel coadjuvante. Partilhe seus sonhos, pois eles o ajudarão a se conhecer e a conhecer seu parceiro de formas novas e surpreendentes.

EXPRESSANDO SEU AFETO

Rir com seu filho
fará você se sentir no paraíso.

Saia da rotina

As crianças são naturalmente curiosas. Elas querem ver, provar, sentir, saber e explorar tudo. Quando vêm ao mundo não têm idéias preconcebidas, elas querem aprender. Aos três anos, estão andando, falando e são maquininhas de fazer perguntas. "Por que as nuvens são fofas?" "Pra onde vai a chuva?" "Por que a vovó é velha?" "Por quê?, por quê?, por quê?" Ao aceitar a curiosidade das crianças, você permite que elas aprendam e, ao mesmo tempo, façam da aprendizagem uma aventura. Acolhendo essa curiosidade, você está influenciando a atitude delas para com a escola e está estimulando a inteligência. É triste quando a curiosidade de uma criança é reprimida. Ela se fecha e o aprender torna-se um sacrifício.

Uma das formas de estimular a criança a explorar é expandir o seu próprio mundo e tornar a sua vida mais criativa. As crianças precisam de rotina, mas à medida que crescem querem mudanças. É muito mais fácil se acomodar a uma rotina estabelecida, mas quando tenta algo novo, você se enche de vigor e uma energia vital jorra como água da fonte. Todo mundo precisa de uma mudança de vez em quando. Você precisa, e o seu filho também.

Quando se sentir preso num atoleiro, entediado ou ansioso, é hora de mudar a rotina. Surpreenda as crianças, durante a semana, levando-as para almoçar fora. Ouse de vez em quando: leve-as ao cinema, num dia de semana, ou deixe-as dormir até mais tarde. Você se surpreenderá com o bem que essas pequenas mudanças trarão à sua imaginação. Faça um piquenique na hora do jantar ou um acampamento no quintal. Mude a rotina, invente jogos com regras diferentes ou planeje dormir fora com as crianças. Pequenas mudanças não exigem muito planejamento e podem dar um novo alento à vida familiar.

Pense nisso, tente, arrisque. Você estará ensinando a seu filho que há muitas opções e muitas maneiras de fazer as coisas. Uma atmosfera rica de experiências novas é o melhor ambiente para uma criança aprender.

Riam, dancem e cantem juntos

Um lar acolhedor é um lugar onde pais e filhos podem relaxar e se desligar das pressões do dia-a-dia. Rir, cantar e dançar são os meios mais rápidos de transformar preocupações em comemorações. Quando a família se diverte unida ela se fortalece e o relacionamento entre seus membros flui com mais facilidade e espontaneidade. E, quando crescem, os filhos sentem prazer em estar com a família novamente, pois ela é muito divertida.

Um lar onde há música é um lugar gostoso de se estar. Comece quando eles são bebês, cantando as canções de ninar que você aprendeu na infância. Cante suas melodias favoritas ou crie versões personalizadas. Demonstre interesse pelas canções que os filhos aprendem fora de casa e estimule-os a trocar CDs com os amigos. Coloque uma fita no gravador enquanto lava os pratos; dance enquanto faz o suco de laranja. As crianças vão curtir e vão contribuir para uma vida familiar mais alegre e divertida. O importante é que você esteja criando uma atmosfera em que haja abertura para a troca e as pessoas se comuniquem com facilidade, principalmente os adolescentes.

Ed e Clarice costumavam dançar tango na sala enquanto os dois filhos rolavam no chão, às gargalhadas. Todos se divertiam tanto, que viviam repetindo a farra. O fato é que, enquanto compartilhavam com os garotos esses momentos de riso e alegria, os pais aprenderam a dançar tango.

Os filhos de Bill sabem quando ele está em casa, porque o som vai às alturas. Ele ouve de tudo: Mozart, Bach, Beatles, Elton John. Embora as crianças caçoem do gosto musical do pai, elas gostam de ouvir as músicas, porque é confortante saber que ele está por perto e que está alegre.

Mostre todos os tipos de música a seu filho. Não há nada melhor para relaxar e distrair do que ouvir música juntos. Alguns estudos mostram que os bebês respondem à música suave mesmo antes de nascer. Conheço uma mulher que adorava música e vivia cantando e dançando pela casa. Ela costumava dizer aos filhos: "A música é o alimento da alma". Embora não tenha forçado, as crianças foram contagiadas por sua paixão pela música e, hoje, todos tocam um instrumento. Cantar ajuda a passar o tempo durante uma viagem de carro. Lynne faz questão de ter fitas variadas no carro para entreter as crianças enquanto enfrentam o trânsito.

O riso funciona como uma ponte entre pais e filhos, aproximando-os. Ria bastante, conte piadas, sem zombar ou fazer gozações. Olhe para o lado bem-humorado da vida. Quando o riso e a música fazem parte da vida da família, ela se torna mais excitante e, com certeza, momentos preciosos ficarão na memória. Tenha a música em seu coração. Ria livremente, dance com espontaneidade, e os seus filhos se lembrarão de você com brilho nos olhos.

Invente apelidos carinhosos

Apelidos carinhosos são aqueles nomes que, quando pronunciados, fazem o nosso coração derreter. Usar apelidos tais como: pinguinho-de-mel, doce-de-coco, fofura, gatinha e chuchuzinho, é como dividir um segredo muito íntimo. Apelidos carinhosos dizem à criança que você gosta da companhia dela — que ela é superespecial e que esse nome é só dela. É uma forma simples e alegre de se aproximar dos filhos e dizer a eles como são preciosos e importantes. Beth e sua enteada, quando viajavam de carro, costumavam fazer brincadeiras inventando apelidos, uma para a outra: "Beth Canivete", "Ana Banana", "Bela Magrela". Todos se divertiam, participavam e riam dos sons e significados que elas inventavam. Dez anos se passaram e toda a família ainda se lembra com carinho do joguinho dos apelidos.

Os apelidos carinhosos mostram aos filhos que eles têm um lugar para sempre no coração dos pais. Eu compus uma canção para Amanda com o seu nome: "Amanda, Manda, Panda Poo". Costumo escrever apelidos carinhosos nos cartões que lhe dou, e sei que ela gosta porque começou a assinar esses nomes nas suas próprias cartas. Ela também já me deu vários apelidos carinhosos e eu adoro quando me chama de "Mã-ma-lu". Nós apelidamos primas, tias e amigos com nomes especiais.

Apelidos carinhosos são confortantes e divertidos. Mas, por serem ternos, afetuosos e íntimos, é melhor que não sejam usados publicamente. Nunca chame seu filho por apelidos que podem ridicularizá-lo ou envergonhá-lo. E, talvez, seja melhor não chamá-lo pelo apelido carinhoso na frente dos amigos, a menos que tenha certeza de que não o deixará embaraçado.

Se seus pais ou avós, algum dia, lhe deram um apelido carinhoso, você sabe o quanto é tocante ser chamado por esse nome. Não importa a idade, quando ouvimos o nosso apelido, o calor que percorre o corpo e a sensação de sermos amados é incrível! Se ainda não deu esse presente a seu filho, dê-lhe agora um apelido carinhoso especial que irá tocá-lo ternamente para o resto da vida.

Escreva cartas amorosas

Cartas amorosas são bilhetinhos personalizados que mostram que você pensa em seus filhos com carinho. São pequenas mensagens que ajudam a alegrar o dia das crianças. São surpresas que aparecem quando e onde elas menos esperam. Ponha esses bilhetinhos embaixo do travesseiro, cole-os no espelho do banheiro, na lancheira, ou coloque-os dentro dos cadernos. O pai de Amber costumava deixar um bilhete na lancheira da filha sempre que preparava o seu lanche. Mesmo mais velha, Amber continuava procurando os bilhetes. Às vezes, ele escrevia uma piada; outras, uma frase inspiradora, um fato interessante, uma brincadeira, um desenho ou um breve "oi, tudo bem?". Quando ela saiu da escola, mais do que dos lanches, sentiu falta dos bilhetinhos.

Cole-os no bolso da calça ou no sapato, para dar mais emoção. Deixe-os na gaveta ou grudados na jaqueta. Envie uma cartinha pelo correio — vale a pena gastar em selos só pelo prazer de ver a alegria da criança quando recebe sua primeira carta. Conheço um pai que, sabendo que a filha de treze anos estava passando por um momento difícil, escreveu uma carta especial e mandou entregá-la na escola. Essa atenção extra levantou o moral da filha, deu-lhe coragem e provou, sem sombra de dúvidas, que mesmo os adolescentes se beneficiam da atenção especial dos sempre-rejeitados pais.

Adquira o hábito de escrever enquanto os filhos são crianças. Allyson ensinou os gêmeos a ler nos bilhetinhos que grudava pela casa inteira. Quando são maiores, os bilhetes podem ser úteis para resolver conflitos e mal-entendidos, evitando discussões desgastantes. Crianças de todas as idades respondem melhor aos lembretes escritos do que à voz da mãe, repetindo o tempo todo que precisam fazer isso ou aquilo. Conheço uma senhora que colava lembretes no espelho do banheiro, onde não passavam despercebidos. Uma vez escreveu: "Favor tirar a louça da máquina, antes das quatro, ou não teremos pratos para o jantar". Depois de esvaziar a máquina, a filha deixou outro bilhete: "Obrigada, mas prefiro comida". O trabalho acabou sendo feito em meio a brincadeiras.

Escrever cartas é também uma forma de mostrar aos filhos o quanto eles são importantes. Quando Zack foi para o acampamento de verão, pela primeira vez, seus pais lhe escreveram uma carta contando as próprias experiências da época em que acampavam, e dando-lhe alguns conselhos práticos: "Telefone para casa domingo à noite", "Tome banho pelo menos uma vez" e "Troque a cueca todos os dias". Isso mostrou ao menino que, mesmo longe, os pais estavam cuidando dele. Cartas escritas com o coração reanimam o dia da criança. Escreva que você os ama e agradeça-lhes por tudo o que aprendeu com eles e pela colaboração que têm prestado no serviço da casa.

Construa cabanas de cobertores

Você sabia que as crianças gostam de brincar e de dormir em lugares aconchegantes? Dizem que é um instinto natural. Tendas dentro de casa e cabanas no quintal encantam qualquer criança. Uma das melhores recordações da minha infância eram os esconderijos que fazíamos com os cobertores e as almofadas que mamãe tirava do sofá.

Quando Manda tinha cinco anos, adorava dormir dentro do armário. Um dia, passou por mim carregando pregos e um martelo. Logo depois, ouvi barulho de marteladas. "O que você está fazendo?"
"Construindo uma tenda", ela respondeu. Fui ver, certa de que ela estava pregando os lençóis e o acolchoado nas paredes do *closet*. Muito bom, pensei, de que servem os lençóis se não para dar prazer? Além do mais, ela estava se divertindo a valer. Durante seis semanas, Manda dormiu na cabana. Depois, pendurou os cobertores na escada para construir outro esconderijo. Essas fortalezas coloridas bagunçaram a nossa casa, mas o brilho nos olhos de Manda transformou o incômodo em pura alegria. Aos sete anos, ela entrou na fase da limpeza. Passava horas limpando o quarto e arrumando as gavetas. Provavelmente, seu filho também terá essa fase.

As cabanas proporcionam horas de entretenimento para as

crianças. Ruth Ann deixou os filhos construírem uma cabana no porão. Kevin construiu um navio dentro da banheira, forrada com tapetes para não escorregar. Construir cabanas é divertido, quer ela seja uma "casa de árvore" ou mesmo uma caixa de papelão. A criança dá asas à imaginação e passa horas criando um mundo novo, muito excitante. É possível até que amigos imaginários se juntem à brincadeira.

Nada como uma cabana de cobertor, na sala de jantar, para transformar um dia chuvoso numa aventura, ou uma criança entediada e mal-humorada num gênio criativo. Imagine, então, tomar lanche ou passar a noite nessa cabana... é puro luxo! No verão, armar tendas no quintal ou no terraço é ideal para os mais dorminhocos. Tente e saberá do que estou falando.

Brinque com seu filho

Dizem que brincar é um trabalho importantíssimo para as crianças e, se observarmos um bebê de três meses, brincando com a própria mãozinha, completamente absorto, entenderemos o porquê dessa afirmação. Ele examina as mãozinhas cuidadosamente, percebendo desenhos, cores, formas e sons. Brincar é significativo, criativo e componente vital do desenvolvimento de uma criança. Com as brincadeiras as crianças desenvolvem a sociabilidade, interagem com os companheiros, resolvem conflitos, expressam seus pensamentos e sentimentos, adquirem conhecimentos e usam a imaginação. Elas brincam sozinhas, com irmãos, com amigos, com estranhos e com você. Não importa se de esconde-esconde ou de amarelinha, brincar com o filho tornará o seu dia mais leve.

Brincar com espontaneidade e desinibição é uma forma de se expressar que renova a vitalidade. Quando você permite que preocupações e responsabilidades se aquietem por alguns minutos, o milagre da interação acontece e esses momentos viverão para sempre na memória. Brincar com as crianças não significa passar o dia inteiro com elas ou procurar divertimentos caros. Não requer brinquedos diferentes e tampouco planos elaborados. Débora usou pirulitos para ensinar malabarismo aos filhos. Tony não vê a hora de chegar o verão para brincar de *scotch* — versão moderna do esconde-esconde — com os filhos e os vizinhos. Uma luta de travesseiros, enquanto arruma a cama, ou um pega-pega rápido no quintal, diverte a todos e é um ótimo exercício!

Jack era de família pobre e cresceu numa pequena cidade à beira-mar. Mesmo com pouco dinheiro, jamais sentiu privação, porque sua família sempre descobria formas de brincar. Empinar pipa na praia era uma delas. Todos os anos, ele, a irmã, os cinco irmãos e os pais participavam do festival anual de pipas. Passavam meses desenhando e construindo as pipas e horas treinando manobras no ar. As faixas e troféus que ganhavam ficavam expostas numa caixa de vidro. As vitórias eram excitantes, o reconhecimento estimulante, mas o que ficou mais vivo na memória de Jack foi a união da família. Hoje, Jack é pai e faz questão de brincar com os filhos nos fins de semana; ele até comprou uma pipa para o bebê de nove meses.

Empinar pipa com os filhos faz você se sentir livre e jovem. Quando o vento se apodera da arraia, seu corpo é embalado, suavemente, para a frente e para trás. O céu silencioso o acolhe e o protege. De repente, você vira criança e o espírito se liberta. E, quando as nuvens o envolvem, a linha que o separa de seu filho se dissolve. Olhe para o céu e ouça as histórias que as nuvens contam. Corra com o vento ou role na grama. Não há regras, somente liberdade. Não se pode forçar o rumo de uma pipa; deve-se apenas aceitar para onde os ventos a levam. Uma bela metáfora para a vida.

Leve a vida com mais leveza

A paternidade é importante — tavez o papel mais importante de nossas vidas —, mas também não é preciso levá-la tão a sério o tempo todo. Criar filhos pode ser divertido se nos tornarmos mais leves. Num ambiente alegre, a família relaxa e se sente estimulada, as crianças ficam mais cooperativas e aprendem com mais facilidade. Os problemas são resolvidos naturalmente e as preocupações mantidas em perspectiva. A criança floresce alimentada pelo amor cuidadoso de pais felizes. A vida é curta. Não se aborreça porque elas se vestem desse ou daquele jeito; não é crime usar roupas descombinadas. E não se irrite se, de vez em quando, elas escapam do chuveiro — ninguém morre se ficar um dia sem tomar banho.

Os filhos ficam com os pais por um tempo muito curto. Procure estar bem consigo para que possa aproveitar todos os momentos junto deles. Ser sério, responsável, crítico e negativo requer muito esforço. Mas, ser alegre e despreocupado é mais natural e mais saudável. As crianças se tornam muito mais maleáveis quando os pais não estão estressados. Acalme-se. Isso requer uma mudança na maneira de enfocar as próprias exigências, começando pelas tarefas que devem ser executadas. É preciso ter sempre em mente quais são, de fato, as prioridades. Os pratos podem ficar mais um pouco dentro da pia, a pilha de roupas pode ser lavada amanhã. Essas obrigações são, *realmente*, mais importantes do que contar uma história para o filho antes de dormir, ou ouvir a filha contar sobre o seu dia?

Mesmo nas crises, a postura mais leve e relaxada ajudará a conduzir a situação com mais facilidade. Stephanie, nove anos, gritava para a mãe: "Você é muito mesquinha!". Quando o pai entrou na sala, percebeu, pela tensão no ar, que uma grande briga iria estourar. "O que está acontecendo?", perguntou.

"A mamãe é *tãooo*... mesquinha!"

Ele ouviu toda a história de Stephanie e então aconselhou: "Bem, faça de conta que ela é a sua Minnie*". E, com isso, todos riram.

Quando se sentir sobrecarregada, com excesso de responsabilidades, e prestes a berrar porque a lata de lixo está transbordando, o saldo no banco está negativo, ninguém deu comida ao cachorro, ninguém colabora com você, pare um momento e se pergunte: "Tudo isso vai ter alguma importância amanhã, na próxima semana, ou no ano que vem?". É muito provável que não, mas o seu relacionamento com a família, este sim, *será* importante. No futuro, ninguém ficará incomodado porque o chão precisava ser encerado, mas alguém certamente se lembrará da mãe, gritando, com os nervos em frangalhos. Seriedade e infelicidade são hábitos que podem ser mudados, se der um novo enfoque às suas perspectivas. Quando um filho pequeno "ajuda" a lavar os pratos, olhe para o seu rosto radiante em vez de olhar para as poças d'água no chão. Lembre-se das prioridades. Você pode fazer as tarefas diárias com rancor e má vontade ou com alegria e prazer. A escolha é sua.

---

* A autora faz um jogo com as palavras *mean* (mesquinha) e Minnie (a namorada do Mickey). (N. da T.)

Tenha um tempo para si

Ninguém quer estar junto o tempo todo. As crianças precisam ficar um tempo longe dos pais e os pais precisam de um tempo longe dos filhos. Seja por alguns minutos, durante o dia, ou um fim de semana. Ficar longe renova o astral da família.

Comece com uma pequena separação, quando eles são bebês. Allie senta-se na varanda e lê enquanto seu bebê de três meses tira uma soneca. Às vezes, ela chama uma babá e sai para andar de bicicleta. Embora algumas crianças se adaptem bem à babá e outras não, assim que encontrar uma de confiança, pense que se separar do filho por algumas horas não faz mal a ninguém, pelo contrário, lhe fará muito bem. Martha sente remorsos sempre que sai para ir à aula de pintura, porque deixa Andrew, de um ano, chorando. Mas, quando volta, encontra o filho brincando feliz e contente.

O afastamento pode trazer *insights* para sua vida e ajudá-los a desfrutar um da companhia do outro com mais prazer. Quando começam a freqüentar a escola, é comum pedirem para dormir na casa dos amigos. Juan, um garotinho de seis anos, passou a dormir todas as sextas-feiras na casa do amigo. O pai, divorciado, sentia muito a falta do filho, mas achou que era importante para Juan conhecer como vivem as outras famílias, e não levou o fato para o campo pessoal; descobriu que ele também gostava de curtir aqueles momentos sozinho.

Não arranje desculpas dizendo que está ocupada demais.

Todd conseguiu convencer Merryl a acompanhá-lo numa viagem de negócios, quando os gêmeos tinham apenas dois anos. Merryl ficou angustiada nas primeiras seis horas, mas quando ligou para casa e sua mãe disse que tudo estava sob controle, ela relaxou. Hoje, o casal viaja toda temporada de outono, deixando os quatro adolescentes por conta própria. Isso é o que eles chamam de "viagem para manter a sanidade mental".

Você precisa de um tempo para estar só, refletir e ficar em silêncio. Precisa também de tempo para conversar a sós com o marido ou com os amigos. Vá para o quarto, tome um bom banho e se isole por alguns momentos. Quinze minutos são suficientes para revitalizá-la e às crianças. Lisa disse aos filhos de cinco e sete anos: "Estou ficando muito irritada, portanto, quero um tempo sozinha na minha cadeira de balanço". Funcionou.

Tire um fim de semana só para você. Se se sentir culpada, lembre-se de que é preferível um pouco de culpa a uma pilha de ressentimentos só porque nunca tem tempo para você. Quando estiver estressada, a ponto de explodir, ou irritada com tanta proximidade, o melhor que tem a fazer é dizer honestamente às crianças: "Preciso de tempo. Preciso ficar meia hora sozinha". E pendure na porta do quarto uma placa, escrito: "Não perturbe". Certifique-se de que todos os membros da família tenham um: "Não perturbe" para pendurar nas portas, sempre que precisarem ficar sozinhos.

Leia histórias em voz alta

Os livros educam, entretêm e estimulam a imaginação. Ler livros em voz alta une a família. Quando minha filha era pequena, tinha tanta energia que ficava acordada até tarde, olhos arregalados, enquanto eu, exausta, só queria dormir. Todas as noites, eu lia uma história diferente, em voz alta, para que ela dormisse. Manda adorava esses momentos. Muitas vezes eu cochilava no meio da leitura. Ela não queria que eu parasse. Foi então que decidi aproveitar as vantagens da tecnologia moderna. Passei a gravar as histórias em fitas. Assim, ela poderia ouvi-las sempre que quisesse. Quando eu estava fora, ela se distraía com as fitas.

Ashoka, nosso amigo, fez o mesmo. Ensinou alemão, francês e italiano a Manda, através das fitas. Às vezes, lia a história em inglês e acrescentava umas palavrinhas em francês, como tempero. Gravávamos as fitas juntos, lendo todos os tipos de histórias: contos de fadas, aventuras, versos e até os clássicos. Gravávamos uma música de fundo. Ela podia ouvir a qualquer hora do dia ou da noite. Sempre que viajava de carro ou ia a algum lugar que achava aborrecido, levava o *walkman* e as fitas para se distrair. Hoje, aos dezessete anos, é uma leitora compulsiva e, de vez em quando, ainda ouve as fitas que gravamos quando ela era pequena.

Uma boa idéia para um presente é comprar um livro de histórias e gravá-lo em fita. Toda a família pode participar da gravação. Cada um lê uma parte da história, faz um personagem ou lê com voz engraçada. Prefira as fitas à televisão. Desligar a televisão e ler um livro, certamente, é melhor para os nervos, para não dizer para a mente. Você pode fazer isso para o seu filho ou com o seu filho; gravem juntos uma fita para os avós — é um presente personalizado para durar a vida toda.

Crie um círculo de silêncio

Você já notou que, às vezes, as crianças ficam tão excitadas que não conseguem se acalmar? Elas ficam irritadas, exigentes e choronas, quando são muito estimuladas? Como os adultos, as crianças precisam de um momento de quietude durante o dia. Às vezes, ficamos tão preocupados em arranjar atividades para os filhos, que nos esquecemos de lhes proporcionar momentos de quietude. Vale a pena o esforço para ajudar a família a descobrir o prazer do silêncio e as vantagens de diminuir o ritmo e levar a vida com mais leveza.

Círculos de silêncio são calmantes para o sistema nervoso. O silêncio é o melhor tranqüilizante. Criar um círculo de silêncio ajuda as crianças a se acalmarem e a relaxarem. Um bebê nervoso se acalma mais rapidamente se quem o carrega está relaxado, centrado internamente, e calmo. Os pais, cujos nervos estão à flor da pele e com a energia caótica, transmitem esse estado ao bebê. Margo, mãe de um recém-nascido, costumava fazer ioga para se acalmar, enquanto o marido passeava com o bebê.

É por meio desses círculos de silêncio que a criança descobre a diferença entre o mundo exterior e o seu mundo interior. Com o silêncio seu filho vai se conhecer e aprender sobre a própria vida interior.

Daniel ia prestar o exame da Ordem e precisava de um ambiente silencioso para estudar. Então, resolveu ensinar aos gêmeos a brincadeira do "silêncio". Ele mandou fazer *buttons* que diziam: "Psiu!, estou em silêncio". Os meninos sabiam que quando o pai estava usando o seu *button* eles tinham de ler ou arranjar brincadeiras silenciosas. Eles passaram a respeitar o tempo de estudo do pai e aprenderam a brincar sozinhos. Hoje, os gêmeos sabem o que fazer num dia chuvoso e não têm medo de ficar sozinhos.

Algumas famílias são tão ocupadas, com a agenda cheia de compromissos e responsabilidades, que nunca têm tempo para sentar-se, relaxar, e se aquietar. Alguns pais falam tanto, que os filhos simplesmente desligam. Outras famílias são tão viciadas em televisão e barulho, que precisam ter algum som ligado, mesmo que ninguém esteja por perto.

As crianças que são capazes de brincar sozinhas, num espaço silencioso, entendem a necessidade da solidão. Desde pequenino, Max dizia a seus pais: "Eu gosto de silêncio". Estabelecer círculos de silêncio em casa pode ser o primeiro passo em direção à meditação e ao autoconhecimento. Durante os momentos de quietude a criança fica tranqüila e serena. Criar círculos de silêncio no lar, enquanto os filhos são ainda bebês, ajuda toda a família a encontrar a paz interior.

Gazeteie de vez em quando

Você se lembra de quando era criança e fingia estar com dor de estômago ou com gripe? Você não estava doente de verdade, mas queria ficar um dia em casa. E ficava na cama gemendo, esperando que sua mãe tivesse pena e não insistisse em levá-lo à escola. Sentia-se culpado, mas precisava desesperadamente daquele dia de folga em benefício da saúde mental. Às vezes, ela deixava; outras, o acusava de estar blefando.

Se quiser evitar essa controvérsia desnecessária com os seus filhos, por que não gazetear junto com eles? Você também pode ter uma folga de vez em quando. Se isso o faz sentir-se melhor, lembre-se de que a criança adora quando você arranja um tempo na sua agenda repleta de compromissos para dar atenção a ela.

Pelo menos duas vezes, durante o inverno, quando o dia está ensolarado, os McAllisters ligam para a escola e avisam: "Hoje, as crianças vão faltar, a família vai sair para esquiar". Uma quebrada na rotina, de vez em quando, dá tempero à vida. Um dia gazeteando, traz novos ímpetos de entusiasmo para continuarmos com a nossa rotina diária.

De vez em quando, eu deixava Manda cabular aula e não acho que isso tenha prejudicado os estudos; na verdade, este foi um aspecto importante de sua educação. Às vezes, ela ficava na cama e lia o dia inteiro. Outras, ficava em casa para limpar e arrumar o quarto. Eu a acompanhava nessas atividades. Às vezes, saíamos para visitar um museu ou íamos à lanchonete. Uma vez, ela me acompanhou o dia inteiro enquanto eu realizava tarefas na rua.

A idéia de gazetear ora era dela, ora minha. Nós nunca planejamos com antecedência; simplesmente a idéia surgia quando uma de nós sentia necessidade. Manda nunca se aproveitou desse tratamento especial; acho que, para ela, saber que podia escolher era o bastante. Hoje, cursando o colegial, está sempre muito ocupada, mas espero que logo logo arranje tempo para gazetear comigo!

Caminhe na chuva

A chuva é um ótimo exemplo de como nossas atitudes podem afetar todas as coisas. Algumas pessoas deixam que ela destrua o seu dia; outras a consideram uma bênção.

Parece que as crianças gostam da chuva. Elas adoram se molhar e pisar na lama com as galochas. Certa tarde, quando Manda tinha cinco anos, ela sentou-se na cadeira da cozinha e ficou apreciando a tempestade pela janela. Estava tão excitada que disse: "Mamãe, quero ir lá fora e dançar com o vento".

— Mas você vai ficar molhada — adverti.

— Tudo bem — ela me tranqüilizou.

— Eu estou suja.

Rindo comigo mesma, deixei Manda sair. Ela rodopiou e rodopiou, com os braços abertos. Ria e cantava com alegria, encharcada até a alma.

Que diabos estou fazendo aqui, olhando? — me perguntei, e decidi tomar banho de chuva com Manda.

Naquele momento a vida me pareceu nova e simples. Era pura alegria. Nós terminamos o dia enroladas em cobertores, tomando chocolate quente. Aquilo foi muito mais divertido do que ser prática. Até hoje, Manda se lembra daquela tarde, quando me fez um grande elogio: "Você é louca, mamãe, mas uma louca legal".

Quando se trata de aproveitar os simples prazeres da vida, as crianças são os melhores professores. Os adultos esquecem rapidamente e se apegam a coisas estúpidas, sem a menor importância. E daí que os sapatos vão ficar molhados? Esse tipo de preocupação tira o prazer desses momentos. As crianças são a luzinha que nos mantém alertas, com atitudes positivas e o pensamento direcionado para o que, realmente, faz o nosso coração cantar.

Em uma noite de tempestade, quando as luzes se apagaram, Manda e os amigos da vizinhança se reuniram em frente à lareira para assar cachorro-quente e contar histórias de fantasmas, à luz de velas. Eu fiquei um pouco irritada com a situação, porque tinha planejado arrumar a casa, mas enquanto trocava de roupa, ouvi as risadas alegres das crianças, e a minha voz interior me alertou que a poeira e o aspirador continuariam ali no dia seguinte, mas aquele momento era único. As crianças se empilharam nos sacos de dormir, comeram cachorro-quente, chuparam pirulito, e eu aprendi a dominar minha tendência paternalista. Aprendi a relaxar e deixar a chuva cair.

Ande descalça

Você já notou que as crianças adoram ficar descalças? Talvez tenham boas razões para isso. Tire os sapatos e as meias e mexa um pouco os dedos. Ande descalça na areia, na grama, e sinta a terra sob seus pés.

Quando você perceber que está levando trabalho para casa e, talvez, negligenciando as pessoas que ama, que está insistindo em terminar as tarefas e não encontra tempo para diversão; ou que tem uma tendência exagerada a se preocupar com as coisas, assumir responsabilidades demais e se estressar, está na hora de mergulhar na aventura de tirar os sapatos. Pergunte a si mesma: "O trabalho é mais importante do que estar na companhia dos meus filhos?". Em vez de trabalhar tanto, por que você não tira os sapatos, pinta as unhas de vermelho ou faz uma gostosa massagem?

Kelly começou a tirar os sapatos e a roupa quando tinha nove meses. Sua mãe contou: "Ela se recusa a vestir qualquer roupa apertada ou que a incomode". Isso faz sentido para mim. Se você veste roupas confortáveis, sente-se melhor, pensa menos, e se move com mais facilidade. Descalça, enxergará um mundo diferente.

Sam e Margaret fazem os filhos andar descalços dentro de casa. Margaret explica: "Assim eu não preciso me preocupar com a sujeira e brigar por causa da terra no tapete". Sam concorda: "A casa fica muito mais silenciosa quando as crianças correm pra lá e pra cá descalças". Na verdade, elas gostaram tanto da idéia que começaram a instigar os amigos a fazerem o mesmo. Essa prática está ficando tão comum, que basta ter um par de sapatos em frente à porta para que todos os convidados tirem os seus, antes de entrar.

Ser gentil com os próprios pés ajuda a relaxar e permite que você seja mais gentil com as crianças; afinal, eles são os únicos que você tem! Tire os sapatos apertados, mexa os dedos dos pés, e respire. Deixe os pés lhe mostrarem que as crianças precisam de você... mais relaxada e confortável.

Pendure seus trabalhos artísticos na parede

Você já percebeu que todas as crianças são artistas? Gênios criativos, prontas a emergir e serem descobertas. As crianças têm muito a ensinar sobre criatividade — basta observá-las enquanto desenham. Elas ficam completamente absortas no trabalho e o fazem com total atenção, concentração e amor. Não se importam com o que os outros vão pensar — dão tudo de si para aquele desenho.

A criatividade tem formas variadas. Conheço um menino de quatro anos que monta e desmonta um relógio com perfeição, sem esquecer uma peça. Quando o pai descobriu a habilidade mecânica do filho, comprou-lhe relógios velhos, nos lixões; e o garoto se diverte muito mais com eles do que com brinquedos.

Robin criou uma galeria de arte em casa, colocando um barbante ao longo de uma parede e pendurando os desenhos e as pinturas da família, com pregadores. Ela e as crianças contribuem regularmente para a galeria. Paul emoldurou o desenho que o filho de quatro anos fez da família e pendurou-o na parede de seu escritório.

A arte ajuda as crianças a resolverem problemas. Se o seu filho estiver bravo, frustrado ou assustado, desenhe ou conte-lhe uma história; isso pode ajudá-lo a superar os problemas.

Quando Riley foi internado para se submeter a uma cirurgia, a mãe o ajudou a desenhar tudo o que via pela frente. Através da arte a criança aprende que há diferentes formas de olhar as coisas. O que é um bom lembrete também para os pais. Nunca diga a uma criança como pintar um desenho. Quem disse que uma vaca não pode ser vermelha ou que as cores não podem sair fora da linha?

Incentive sempre a criatividade de seu filho, nunca se sabe para onde ela o levará. Há uma loja de departamentos em Seattle que vende jóias idealizadas a partir do desenho de uma menina de doze anos. Conheço uma mãe que usava os desenhos do filho para fazer cartões de boas-festas; hoje ele é ator de cinema. E um pai, que usou em seu cartão de visitas o logotipo que a filha rabiscou num papel. Ele deu um empurrão na carreira da garota — hoje ela é desenhista gráfica. Janis presenteou os avós com calendários feitos com desenhos dos filhos.

Quando uma criança explora a própria criatividade, ela descobre o próprio potencial. Quando esse potencial é reconhecido e apreciado, o seu futuro está assegurado. Coloque o trabalho de seu filho numa moldura e, inesperadamente, ele parecerá adequado a qualquer galeria. Pendure-o na parede e ele estará pronto para voar.

Ficando acordados até mais tarde

É importante estabelecer um horário para dormir quando as crianças são pequenas. Mas ficar acordado até mais tarde, de vez em quando, é uma mudança saudável na rotina, especialmente quando elas já estão maiorzinhas. À noite, o mundo parece diferente e as crianças querem ver como ele é; não querem perder nada. Talvez elas simplesmente não estejam cansadas — há crianças que têm energia demais para ir cedo para a cama. Às vezes, isso se torna um problema para os pais que querem ficar um pouco sozinhos. Mas forçar a criança a dormir cedo, quando ela não está com sono, pode ter um resultado desatroso; logo ela começará a pedir água, a se levantar para ir ao banheiro e fazer outras manhas.

Quando a hora de dormir vira uma batalha, talvez seja melhor tentar uma nova tática. Considere a possibilidade de elas ficarem acordadas até mais tarde, e veja o que acontece. Alguns pais evitam o capítulo *hora-de-dormir* dizendo: "Desde que não nos perturbe, você pode ficar acordado, mas nós vamos nos deitar". Quando os pais de Meg agiram assim, ela ficou acordada até às 23 horas. Na noite seguinte, voltou a se deitar no horário habitual. Para evitar choro na hora de ir para a cama, Patty e Jim deixam os filhos de três e quatro anos dormir no *sleeping bag*. Em vez de resistir, eles vão ansiosos "acampar".

Tente fazer a festa do sono com seu filho. Deixe-o convidar um amigo, faça uma cama no *closet* ou no chão, ou leia histórias para ele. Elizabeth comprou uma luminária para a filha Clementine, de três anos, e nas noites em que ela não quer dormir, a mãe lê livros de história para a menina. Você ficará surpresa como esse simples compromisso pode tornar a problemática *hora-de-dormir* numa mudança agradável de rotina.

Ficando acordadas até mais tarde, as crianças começam a entender o ritmo natural do próprio sono e descobrem como relaxar. Elas dormirão na hora em que tiverem sono, e passarão a estabelecer o próprio horário de ir para a cama. Quando elas sabem que podem ter algum controle sobre a situação, as brigas na hora de dormir tornam-se desnecessárias. É claro que muitas noites os adolescentes irão dormir mais tarde do que você. Não se preocupe, isso também é normal.

O prazer das pequenas tolices

Você ainda consegue fazer tolices ou a sua época já passou? Se não consegue ser um pouco pateta, de vez em quando, talvez tenha se tornado um pai — ou mãe — tão compenetrado, que se desconectou do seu lado travesso e brincalhão. Talvez tenha esquecido como se diverte nesta vida. Você é aquele tipo de pessoa que está sempre mal-humorada e ranzinza? Ou, pior, está prestes a se tornar terrivelmente entediada e entediante? Você é um *workaholic*?

Seus filhos vêem você rir de vez em quando? Infelizmente, alguns pais sufocam os filhos com excesso de seriedade, pois acreditam, equivocadamente, que para ensinar responsabilidade é preciso ser rigoroso e severo. Provavelmente eles não sabem que a tolice é um meio natural de gastar energia depois de uma tarefa estafante ou de uma emoção forte. Se você é daqueles que faz palestras sobre os bons tempos de outrora, você parou no tempo. Está na hora de dar um salto à frente, deixar o cabelo crescer e enxergar a vida por outro prisma.

Talvez você se sinta um pouco cansado e comece a notar as rugas em volta dos olhos. Se é este o seu caso, está precisando de uma terapia que só uma criança pode oferecer: para começar, pule num colchão e leia o dr. Seuss em voz alta. Pergunte a si mesmo: "Qual foi a última vez que dei alguma mancada?".

"Quando eu fiz uma bobagem?" Ontem, a semana passada, o ano passado? Nunca é tarde! Se você está preocupado porque está numa fase negativa e nada dá certo, tire meia horinha para fazer brincadeiras bobas com seu filho. Tente Simão-Disse, Siga-o-Líder, ou Oito-Maluco. Se não consegue fazê-lo por você, faça por ele — deixe que ele veja a criança que existe dentro de você, e ele ficará encantando.

Acrescente um pouco de brincadeira ao seu café da manhã, coma torrada de canela, panqueca de hipopótamo e beba chá de laranja com canudinho. À tarde, que tal mergulhar numa caneca de guaraná com pedras de gelo flutuantes e devorar um sanduíche de banana amassada, em forma de coração? No jantar, experimente vegetais e dedos mergulhados na calda de chocolate quente com manteiga de amendoim. Tolice também é saudável.

Se você se tornou um velho mal-humorado e enfadonho, peça a uma criança que o ensine a brincar. Quando se sentir irritado, preocupado ou aflito, faça uma pausa para um momento de tolice; pense tolices, aja como um tolo, fale bobagens. Se estiver irremediavelmente fora de forma, peça sugestões aos filhos; não encontrará ninguém mais ávido a treiná-lo do que eles. O riso de um filho é o melhor remédio para amenizar a angústia.

Brinque na água

Você já percebeu que tanto as crianças quanto os adultos, são fascinados por água? Todo mundo parece gravitar em volta dela. Seja na banheira, na piscina ou na pia, as crianças gostam de tocar, de sentir a água, e de borrifar jatos com as mãos. A água tem um poder de cura mágico — dentro d'água, nos sentimos melhor. Ela lava a tristeza da alma.

Lembro-me até hoje do dia em que Manda me chamou para mostrar um fato científico. "Mamãe", ela disse, "eu gosto da água, ela dança." Ela queria que eu visse de perto a sua descoberta. Devagarinho, despejou água no copo e me apontou, orgulhosa, a água rodando. Em seguida, despejou água num recipiente quadrado e mostrou que ela estava quadrada. Tenho que admitir que fiquei encantada com a sua inteligência, eu jamais havia pensado na água daquela forma.

Permita que seus filhos brinquem com água. Leve-os à piscina, ao lago, ao rio, à praia e observe como a vida flui naturalmente. Quando estiver aborrecido, cansado, mal-humorado, vá nadar. No verão, tome banho de esguicho. Compre uma piscina de plástico ou refresque-se com o regador. Molhe os pés no lago ou flutue rio abaixo numa bóia. Borrife água, mesmo que esteja na banheira. Quando a temperatura estiver alta e você, simplesmente, possesso com o mundo, espalhar água, da piscina ou da banheira, refrescará seu corpo e sua alma.

Embora saber nadar seja importante, não exija que seus filhos dominem todas as modalidades da natação. Conheci um garotinho que morria de medo de não conseguir aprender a nadar, talvez, porque os pais o forçaram a ter aulas de natação antes de ele estar pronto para tal atividade. Para entrar na piscina, era uma luta. Ele chorava e os pais o ameaçavam. Eles desperdiçaram o verão inteiro nessa luta. No ano seguinte, o garoto pulou na água sozinho, na primeira aula. Nunca obrigue uma criança a aprender a nadar. Apenas mostre a oportunidade e ela a agarrará assim que estiver pronta. Cada criança tem o seu momento — e ele deve ser respeitado.

As crianças sabem instintivamente aquilo que nós já nos esquecemos: a água pode e deve ser muito divertida e a alegria de brincar na água é tão importante quanto a habilidade de nadar.

Rindo à toa

As crianças são pura alegria. Com seus corpinhos, elas riem, correm, rolam, pulam e se movimentam em qualquer lugar. No colo, se mexem e se sacodem inteiras e têm uma energia tão exuberante que, quando entram numa sala, não passam despercebidas. Gostam de tocar e experimentar tudo o que vêem. E quando nos encaram com aquele olhar honesto e encantador, por um momento, ficamos sem ação. Há tantas coisas com que se divertir. Lavar aqueles dedinhos finos e aquelas bochechas macias faz sorrir a pessoa mais rabugenta.

A vida é cheia de situações ridículas e as crianças têm a capacidade de detectá-las em qualquer lugar. Annie era uma garotinha de quatro anos, muito esperta. Um dia, um adulto lhe perguntou: "Você tem namorado?". Ela o encarou, correu para o lado da mãe, começou a rir e respondeu: "Que pergunta engraçada!". E não conseguia parar de rir. A mãe riu muito também, porque aquela era de fato uma pergunta boba.

O riso começa como uma leve ondulação na barriga e pode se transformar numa grande gargalhada que sacode o corpo todo. Isso é realmente terapêutico; relaxa e acalma. As crianças riem com facilidade e não é preciso ser comediante para entretê-las. Os pequeninos riem de qualquer coisa, basta dar-lhes um motivo. Uma simples careta ou um comentário absurdo podem provocar risadas estridentes de alegria, especialmente se vindos dos pais.

Sandy levou um grupo de crianças do terceiro ano ao parque, na caminhonete. Enquanto dirigia, as crianças riam e acenavam para quem passava. Alguns, rabugentos, as ignoravam, outros sorriam, tocavam a buzina e acenavam de volta. As crianças se divertiam e riam alto. Se uma criança acenar para você, responda ao aceno; é um jeito simples de espalhar alegria e risos à sua volta.

Nunca reprima esses risos. Se você não conseguiu entrar no clima delas, tente falar coisas sem nexo ou cantar desafinado para quebrar o gelo; a reação do seu filho, certamente, vai ajudar a manter o ambiente alegre. E, se você não sabe mais sorrir, convide um grupo de garotas entre doze e treze anos para um chá. Com certeza, será o chá das risadinhas.

Mantenha a bagunça em perspectiva

Por que será que quando o bebê começa a andar, no momento em que a mãe vira as costas, ele vai direto ao banheiro, põe as mãozinhas na privada e espalha água por todos os lados, dando gritinhos de alegria? Ele ri excitado, enquanto espalha água pelo chão e pelas paredes, decidido a ensopar o papel higiênico e encharcar todo o banheiro, antes de ser descoberto. Os bracinhos e as mãozinhas tremem de alegria, enquanto observa a mãe tendo um ataque. Ela está convencida de que o filhinho vai ficar doente, pegar uma pneumonia ou contrair algum tipo de infecção, mas isso nunca acontece, é claro.

Talvez este seja um bom lembrete: a felicidade de nossos filhos é mais importante do que uma casa imaculadamente limpa e arrumada. Lembro-me de uma vez em que eu tinha acabado de limpar o chão da cozinha, quando Manda entrou correndo, com os pés sujos de barro, chamando: "Mamãe, mamãe, venha ver o gatinho". Larguei o pano de chão e saí para ver o bichano. Manda me olhou e sorriu. Naquele momento, esqueci-me do chão, e até mesmo que ele estava sujo de barro.

É verdade que prefiro minha casa limpa, mas, com o passar dos anos, descobri que a bagunça em si não é tão grave, e sim a forma como lidamos com ela. O quarto de Amanda era tão bagunçado que, às vezes, eu o chamava de chiqueiro. Desesperada, determinei que se ela mantivesse um caminho livre até a cama e deixasse a porta fechada, poderia manter o quarto do jeito que quisesse. Costumávamos brincar que a decoração de seu quarto era "estilo barafunda", mas mesmo com a porta fechada, a bagunça ainda me incomodava. E não parava de repetir: "Gostaria muito que você pensasse em arrumar seu quarto" ou: "Espero ansiosamente o dia em que você vai resolver limpar seu quarto". Bem, eu tive paciência e, treze anos mais tarde, Manda, finalmente, arrumou seu quarto. Hoje ele é o cômodo mais limpo da casa. Moral da história: ser desordeiro quando criança não significa ser desordeiro o resto da vida.

Use a sua energia para criar um lar onde as coisas acontecem. Um lar aconchegante e vivo é o lugar mais feliz para famílias ativas. Os amigos se sentirão à vontade para chegar de surpresa se souberem que você não se constrange com o estado da casa. Não é difícil manter as bagunças em perspectiva. É só parar para pensar que um dia as crianças irão embora, a casa será só sua, e você irá suspirar tristemente com a lembrança daquelas toalhas molhadas no chão do banheiro.

Curta o jantar em família

O ritual do jantar, que se sucede através dos tempos, tem o significado de unir as famílias e as comunidades. Hoje em dia, parece que esse hábito se perdeu e foi substituído pelas refeições rápidas. Com os pais trabalhando o dia todo e as crianças cheias de compromissos, os jantares em família ficaram em segundo plano. Mas quando a agenda permite, compartilhar uma refeição com a família pode ser um momento agradável para conversar, ouvir e trocar — mesmo que seja durante um lanche rápido.

Tente reunir a família, regularmente, para desfrutarem juntos uma refeição, mesmo que seja só uma vez por semana. Marque um dia em que todos possam estar presentes e mantenha essa data. Você pode revezar, servindo cada semana a sobremesa favorita de um, incluindo a do papai e a da mamãe. Uma vez que se torna um hábito, a noite da família passará a ser o ponto alto da semana!

Conheci uma família que costumava se reunir em volta do piano para tocar e cantar antes do jantar. Às vezes continuavam cantando após a sobremesa. Jantar com eles era, indiscutivelmente, um programa diferente e memorável.

Mesmo que as refeições não sejam tão festivas, pelo menos, procure evitar as tensões. Esse não deve ser o momento para confrontos, sermões, aulas de etiqueta — ninguém consegue fazer a digestão nervoso ou com medo. A comunicação e a união da família são mais importantes do que a etiqueta. Deixe as discussões sérias para horas e lugares mais apropriados e nunca use a hora das refeições para censurar e repreender. Faça do jantar um momento de união, de troca e de contato entre os membros de sua família.

Uma vez por mês, convide outras pessoas para jantar, e cada um pode trazer um prato. Ou combine com os vizinhos e reúnam-se para uma refeição. Nossos vizinhos, os Hansen, viviam nos incluindo em suas refeições, sem nenhuma cerimônia. Isso acontecia com tanta freqüência, que hoje nós não deixamos de dar uma passadinha na casa deles para saber qual é o menu do dia. Todos podem contribuir, até mesmo o garoto de três anos pode ajudar a arrumar a mesa. E, se todos colaborarem, os adultos, principalmente, as mulheres, não precisarão fazer todo o serviço sozinhas.

Mike sempre se diverte arrumando a cozinha. Ele cresceu numa família grande, só de garotos, em que cada um tinha de lavar o próprio prato e uma panela antes de ser dispensado. Para ele, essa obrigação era tão natural quanto escovar os dentes. Hoje, os filhos de Mike fazem o mesmo.

Conheço uma família que resolveu o problema de "quem cozinha hoje", fazendo refeições simples durante a semana. Eles servem arroz com vegetais em potinhos e comem com pauzinhos, como os chineses, ou, então, *baked potatoes* com diferentes recheios. O que quer que preparem é sempre muito bem apresentado.

Os jantares familiares têm o objetivo de alimentar o corpo e a alma. Enfeite a mesa com flores, acenda velas, sirva o jantar com amor no coração e, certamente, você terá um banquete dos deuses.

Abasteça-os de elogios

As crianças florescem quando recebem elogios sinceros e reconhecimento daqueles que amam. Crescem mais receptivas ao amor quando sabem que são queridas e valorizadas, ficam à vontade com críticas positivas e dão e recebem afeto com naturalidade e espontaneidade. Algumas crianças crescem sem nunca ouvir dos pais uma palavra verdadeira de amor. Essas crianças desconfiam dos elogios e se sentem desconfortáveis com a demonstração de reconhecimento; falta-lhes auto-estima. Crianças acostumadas à constante negatividade dentro de casa têm dificuldade em aceitar o elogio mais banal; elas ficam nervosas e ansiosas, como se fossem incapazes de receber amor.

A criança precisa saber que os pais sentem orgulho de serem seus pais. Clara me disse certa vez: "Minha mãe gosta tanto de mim que não pára de me elogiar". Diga a seus filhos o quanto você os ama, e como eles são importantes na sua vida. Use uma linguagem que eles entendam: "Você, sua irmãzinha e o papai são os meus favoritos!". "Você é o meu menino mais querido!" "Ninguém vai tirar o seu lugar no meu coração." Se a única coisa que ouvem são as suas queixas, eles ficarão confusos, sem saber se você gosta de ser mãe ou pai.

Alguns pais só elogiam os filhos quando eles não estão por perto, porque têm medo de que eles fiquem "convencidos" ou "presunçosos". Mas, pessoas presunçosas estão apenas tentando compensar seus sentimentos de inadequação. Eu recomendo elogiar honestamente os filhos, na frente deles, ou diretamente a eles. Não se preocupe se "vai subir à cabeça"; eles conseguem administrar tudo muito bem, e eu nunca ouvi ninguém dizer que alguma criança ficou "mimada" por ter sido elogiada pelos pais. Certa vez, mostrei uma aquarela que Amanda havia pintado a uma amiga. Ela disse: "É lindo, Manda, você é uma excelente artista". "Não", ela respondeu, "Sou apenas uma pintora boba."

As crianças precisam saber que os pais se orgulham delas, mesmo quando falham. "Parabéns por não ter desistido", foi o que Scott disse ao filho que chegou em último lugar na sua primeira corrida dos 32 metros. Diga a elas que sente orgulho: "Você foi muito corajoso, estou orgulhosa por ter se esforçado tanto". Não confunda falhar em uma tarefa com ser um fracasso: "Sei que se sentiu desencorajado, mas estou orgulhosa porque você fez o melhor que pôde!". Mesmo quando o recital termina com um ruído desafinado, o pequeno pianista, abatido, merece uma "banana split" por ter terminado a peça *e* por todas aquelas tardes que passou praticando.

Os Thompson levaram os dois filhos para conhecerem uns parentes distantes, e as crianças foram muito elogiadas por sua educação. Tom disse na frente das crianças: "Nossos filhos são realmente muito asseados". Na viagem de volta à casa ele acrescentou: "Eu amo vocês dois". Assim como as plantas absorvem a água, os filhos precisam das palavras amorosas dos pais; elas os ajudarão a florescer.

Promova festas familiares

Festas de família, comemorações e rituais são oportunidades de transformar um dia comum numa ocasião memorável. As comemorações estreitam os laços familiares, fortalecem as afinidades, e estabelecem tradições que se perpetuam mesmo depois que as crianças crescem. Não importa se a sua família tem duas, dez ou oitenta pessoas, uma festa irá aproximá-las. Os rituais distinguem eventos aparentemente insignificantes — Jane tirou o aparelho dos dentes, Joe passou no exame de matemática — e quando são feitos com espírito alegre, trazem satisfação e união ao lar.

Você pode fazer quantas comemorações quiser. Elas podem ser simples, sofisticadas, planejadas ou não. Podem ser incorporadas ao dia-a-dia ou realizadas uma vez por ano. Brandon não conversa muito com o pai, mas em todos os verões eles fazem vários passeios até o local de pescaria favorito dos dois — compromisso que não deixam de honrar. Sempre que uma das crianças perde um dente, a família Carter comemora com "a noite do sorvete".

Você pode comemorar aniversários, uma data importante de sua vida ou fazer reuniões improvisadas. Nem é preciso um motivo, apenas a vontade de estar junto. Os Wick, por exemplo, têm uma coleção de pequenos rituais: o pai de Amy, Fred, vai todo dia à padaria para lhe trazer pão fresquinho. Eles se reúnem com tios e tias para assistirem aos jogos do campeonato da liga de basquete. Todas as noites, Fred ora com Amy. "Ele é tão animado", diz ela, "não sei o que faria sem ele."

Quais são as tradições da sua família? Quais os rituais e as comemorações que alegram a sua casa? Será que alguns deles prescisam ser modificados ou atualizados? Chloe, a irmã Alice e a mãe inventaram um novo ritual: como moram em estados diferentes, uma vez por mês fazem uma *conference call**.

A família Hatch decidiu reformular o tradicional Dia de Ação de Graças; o casal e os dois filhos servem comidas em abrigos, voluntariamente. Você também pode querer mudar o jeito de celebrar datas tradicionais. Houve um Natal em que Manda e eu fizemos nossa árvore com um galho seco pintado de branco, cheio de luzinhas. Esse evento marcou o começo da nossa tentativa de tornar menos comerciais essas datas comemorativas.

Uma festa de família está centrada na alegria de serem todos espíritos aparentados, de se conhecerem e compartilharem suas vidas. A organização de uma festa requer apenas o compromisso de reunir pessoas e procurar uma interação honesta e verdadeira. Reunir-se por obrigação é simplesmente uma rotina chata; mas reunir as pessoas para se curtirem é divertido, significativo e extremamente gratificante. Um evento em família, em que a gratidão, o respeito mútuo e o coração estão presentes, é de fato uma ocasião gloriosa.

Conference call é uma chamada telefônica da qual participam, simultaneamente, pessoas de vários estados ou países. (N. do T.)

Agradeça sempre

Dizer obrigado a um filho e reconhecer toda a contribuição que ele tem dado ao dia-a-dia da família é uma forma modesta, porém mágica, de motivar as crianças. Funciona tão bem, que me surpreende o fato de alguns pais ainda não terem adotado esse hábito. O fato é que, quando alguém nota as pequenas coisas que fazemos, ficamos mais motivados a continuar fazendo-as. Expressar honestamente sua satisfação, além de ser um ato gentil, por si só, instila gentileza no seu filho.

Agradeça seu filho se ele recolheu a correspondência ou atendeu ao telefone. Lisa disse à filha de quatro anos: "Obrigada por ter estendido a toalha; isso me ajuda muito". Carly ficou radiante e a mãe jamais comentou que a toalha estava malcolocada. Holly, uma garotinha de cinco anos, estava observando o pai lavar o carro, quando resolveu pegar uma flanela e ajudá-lo. Ele a encorajou: "Holly, você é uma grande ajudante!".

Agradeça a seu filho sempre que ele lhe der uma contribuição, mesmo que ela lhe pareça insignificante — pôr a roupa suja no cesto, recolher os brinquedos, não interromper enquanto você fala ao telefone etc. A criança que vive sob críticas constantes cresce sentindo-se incompetente e insignificante. É muito exigente consigo mesma, vive se censurando e procurando defeitos nos outros. Por outro lado, aquela cujos esforços são reconhecidos, desenvolve um senso saudável de capacidade e autoconfiança. Mesmo que a colcha esteja toda desajeitada na cama, elogie a iniciativa de arrumá-la.

Lembre que as recompensas periódicas são muito eficazes para manter a criança motivada. As crianças, como todas as pessoas, respondem ao reconhecimento; mesmo que seu filho receba uma mesada para fazer as tarefas da casa, é uma boa idéia dar-lhe um bônus extra: pode ser dinheiro ou um tratamento especial. O elogio e o agradecimento mantêm a relação amigável e motivam a criança a continuar ajudando, porque ela sabe que os seus esforços são reconhecidos e apreciados.

Para a família Lopez, sábado de manhã é dia de faxina, seguida de uma refeição numa lanchonete escolhida pelas crianças. Os pais comentam: "Nós trabalhamos como um time para terminar a limpeza e depois festejamos juntos na hora do almoço". Lembre-se de que os agradecimentos manterão as crianças animadas e farão delas colaboradoras dispostas a ajudar nos serviços da casa. Neste clima, todos estarão assobiando enquanto trabalham.

VIVACIDADE

Quando deixamos o amor de uma criança
transformar nosso coração,
nossa vida se renova.

Desfrute a alegria de criar um filho

Criar filhos é difícil, mas as crianças são uma fonte de alegrias. Quando amamos uma criança, ela nos transforma. Quando nos tornamos pais, assumimos um novo papel e uma nova responsabilidade. Felizmente, criar filhos é uma via de mão dupla: caminhamos juntos, e enquanto os levamos pelas mãos, eles nos trazem pelo coração. Nós damos e recebemos. E, embora criar filhos seja uma tarefa frustrante, intrigante, confusa, preocupante e desgastante, as crianças alegram, distraem, encantam e enchem de amor os nossos corações. Tentamos amá-las incondicionalmente, mas de vez em quando nos esquecemos e fazemos exigências. Queremos que elas se saiam bem, fazemos pressão, alimentamos expectativas, mas a despeito de tudo isso, elas nos perdoam e nos amam incondicionalmente. E esse perdão inocente nos faz compreender que a prova da graça divina está na natureza clemente de nossos filhos.

Podemos optar entre dar ênfase à dificuldade ou à alegria, mas quando pensamos nos encantos especiais da paternidade, aqueles momentos em que o coração derrete de felicidade, percebemos a grandiosidade do caminho que escolhemos. Dar à luz um bebê é um ato biológico, mas amar uma criança é divino. Em certo sentido, uma criança em nossa vida nos torna parceiros de Deus, porque nos foi confiado cuidar de uma alma.

Algumas pessoas acreditam que as crianças escolhem os pais antes de nascer. Embora eu não tenha certeza disso, é intrigante pensar que uma alma tão inocente escolheu você como pai ou mãe. Quando refletimos sobre isso, nos conscientizamos de que a paternidade é uma bênção. Juntos, você e seu filho estão esculpindo uma vida; ao ajudar um filho a se transformar num lindo ser humano, você está dando uma enorme contribuição para a humanidade e todos se enriquecem.

Como pais, nosso papel é significativo e durador, porque os filhos carregam nosso perfume pela vida afora. Assim como nossas vidas tocaram várias outras, o mesmo acontecerá com a vida de nossos filhos. Assuma o seu papel de pai — mãe — com alegria e, quando se sentir sobrecarregado, lembre-se de que o seu amor é o alicerce sobre o qual o seu filho crescerá e se tornará um adulto saudável. Todos nós sabemos que as gerações do futuro vão precisar de pessoas saudáveis, amadurecidas e bem-amadas para comandar o espetáculo.

Os filhos são um presente de Deus. Valorize-os, alegre-se por eles fazerem parte de sua vida e reconheça a honra e o milagre que lhe foi concedido. Quando compreendemos uma criança, somos abençoados. Elas são seres de luz, radiantes e sensíveis. Quando alimentamos a alma de uma criança somos agraciados com a riqueza divina.

Acredite nas possibilidades

O recém-nascido vem ao mundo como um feixe de energia, de puro potencial — um espírito novo. Um corpinho tão pequenino, um milagre tão grande! Regina, mãe de duas crianças, comentou: "Não se pode moldar as crianças. Pensei que elas fossem folhas de papel. Amiga, fiquei chocada". Quando reconhecemos e aceitamos que cada filho tem uma natureza divina e um destino próprio, nossa alma se enche de conforto.

Como pais, temos a tendência de achar que o nosso papel é guiar os filhos na direção do sucesso material e, embora seja parcialmente verdadeiro, isso não é tudo. As crianças são seres espirituais e a alma desses seres precisa de tanto cuidado quanto o corpo. Os pais que valorizam coisas como sucesso, fama, riquezas e prazeres mundanos estão prestando um grande desserviço a seus filhos.

Eu visitei Luke no pronto-socorro do hospital, depois de ele ter tentado se matar, ingerindo drogas com bebida alcoólica. Ele era um bom estudante, havia ingressado na universidade, tinha todas as vantagens materiais e, ainda assim, era infeliz. Esse não é um caso isolado, porque nossas crianças são diariamente bombardeadas pelos apelos da vida mundana, que pouco a pouco corrói suas almas.

Acreditar nas possibilidades significa acreditar na natureza divina do seu filho, e na sua própria. Os pais podem iluminar o caminho dos filhos de formas simples, para que eles encontrem a satisfação interior — e a mais importante delas é o exemplo. Viva com simplicidade, trate todo ser vivente com carinho, aprenda a viver cada momento, desfrute as coisas da vida que são realmente significativas.

Curta a natureza junto com os filhos. Se não freqüenta uma igreja, acrescente alguma prática espiritual à sua rotina. Tom costuma levar a família para um retiro no deserto, onde se pode sentir a conexão entre a Terra e o Universo. Dormir ao relento olhando as estrelas é uma experiência renovadora e indescritível. Nick e Satya costumam meditar. Os Hogan têm um canteiro de ervilhas no meio da praça. Os Wong cantam no coro, os Jones participam de um grupo de orações e, diariamente, Manda e eu colocamos flores em frente à porta de casa.

A parte vital do nosso questionamento espiritual está enfrentando um momento difícil, desalentador, confuso e angustiante. As crianças também sentem a tristeza e os anseios da alma. Como pais, muitas vezes, tratamos essas questões superficialmente, na tentativa de resolvê-las rapidamente. Às vezes, é mais sábio estar do lado deles espiritualmente e deixar que as respostas brotem espontaneamente. Sabemos que, se acreditarmos nas possibilidades, conseguiremos transcender e sobreviver aos tempos difíceis que estão por vir. Cada batalha traz consigo uma lição e uma nova possibilidade.

Abra-se ao milagre da transformação

As crianças tocam nossos corações de forma imprevisível. Uma criança é capaz de transformar completamente um adulto e ajudá-lo a vislumbrar uma nova dimensão do seu ser espiritual. Elas trazem aventuras inusitadas às nossas vidas; novas idéias e pessoas, novos sentimentos, alegrias e dores. Elas nos levam a lugares dentro de nossa própria alma, onde jamais estivemos. Se conseguirmos nos abrir à nova experiência, esta poderá ser uma jornada abençoada, mas se o coração permanecer fechado e a mente trancada dentro de padrões rígidos, travaremos batalhas incontáveis sem muito sucesso. Quando nos abrimos aos maravilhosos milagres da transformação, nossa vida junto aos filhos torna-se plena.

Pela minha experiência, percebo que alguns pais se tornam adultos carregando as próprias cicatrizes emocionais. Estar aberto para os filhos dará a eles oportunidade de curar as feridas adquiridas na infância. Eis aqui um exemplo: enquanto fazia a filha de dois anos dormir, Cindy se deu conta de que seus pais jamais a haviam feito dormir. Noites e noites a fio, eles a mandavam para o quarto, sozinha, chorando, amedrontada. Uma noite, enquanto contava histórias para a filha, lembrou-se de como ela, Cindy, se sentia sozinha e o quanto ansiava pelo carinho da mãe na hora de dormir. Pela primeira vez, entendeu o seu medo de escuro. Ao se permitir estar aberta à própria filha e às feridas do seu coração, ela foi capaz de curar aquela memória reprimida durante tanto tempo. A conscientização transformou o seu medo em compreensão.

Fique aberto, escute atentamente; assim, você aprenderá sobre si mesmo e se conhecerá o suficiente para fazer escolhas sensatas para o bem de sua família. Estar aberto não significa vaguear sem objetivos. Estar aberto significa considerar todas as opções antes de decidir. Converse com outros pais e procure saber como eles lidam com a situação sem, no entanto, seguir conselhos cegamente. Siga a sua intuição e confie em sua capacidade de saber o que é melhor para seu filho. Estar aberto à transformação significa, conscientemente, buscar as respostas dentro do coração. Quando deixamos o amor de uma criança nos transformar, nos tornamos ricos e renovados.

Lembre-se: elas estão neste mundo há pouco tempo

Às vezes, nos esquecemos de que as crianças estão neste mundo há muito pouco tempo e esperamos demais delas. Ficamos impacientes querendo que elas aprendam tudo, saibam tudo e "não ajam como crianças", ou o que quer que isso signifique.

É fato comprovado que as crianças aprendem rápido sobre a vida através da observação, mas é irreal esperar que elas dominem a arte de viver e façam tudo certo, sempre. Quando as crianças de Keith e Cicely tinham dois, quatro e seis anos, os pais perceberam que as expectativas que alimentavam em relação à filha mais velha eram injustas. Certa tarde, quando o pai se referiu a ela como "minha grande garota", ela respondeu: "Preferia ser seu bebê".

Quando perceber que você começa toda frase com a palavra "Não", pare e se pergunte: "Será que eu expliquei o que realmente quero? Já ensinei como fechar a porta sem bater? Já disse como chamar minha atenção quando estou ocupada?".

Explicar os "sim" funciona muito melhor do que ficar constantemente repetindo "não". Experimente esta fórmula prática de ensinar três vezes: faça uma recomendação três vezes, de três formas diferentes.

Marilee só se deu conta de que jamais ensinara os filhos como tratar o gato quando ouviu os próprios gritos, dizendo aos garotos: "Não segurem o gatinho com tanta força!". Nesse momento, ela parou de gritar e mostrou: "Segurem o gatinho delicadamente, com as duas mãos. Ponham o gatinho no chão devagarinho. Acariciem a cabecinha dele com cuidado". Ela deixou os garotos praticarem três vezes, repetiu mais três vezes as explicações e, finalmente, eles aprenderam a brincar com o gatinho.

Josh ficava muito frustrada com o filho Clay porque ele se recusava a usar o andador. Clay caía toda hora e Josh passou a ameaçá-lo, o que só serviu para piorar a situação. Um dia, sua mãe presenciou toda essa batalha e disse à filha: "Eu tive o mesmo problema com você". Imediatamente, Josh percebeu que estava imprimindo ao filho a mesma pressão que sofrera quando criança. E, naquele momento, mudou o seu modo de encarar a situação, lembrando que Clay começara a usar o andador há apenas cinco semanas.

Conceda tempo aos filhos para praticarem o que ainda estão aprendendo. Afinal, eles estão aqui há muito pouco tempo.

Maravilhe-se com o crescimento delas

Não é incrível como as crianças crescem rápido? Ontem mesmo usavam fraldas, agora estão na escola, e no minuto seguinte viraram adolescentes. São tão capazes e independentes que até nos esquecemos que eles não nasceram sabendo.

Alguns pais, por exemplo, acham que os adolescentes são autoconfiantes e sabem perfeitamente o que fazer para arranjar um emprego, quando, na verdade, eles ficam muito nervosos quando se defrontam com essa situação. Embora não admitam, eles precisam da orientação dos pais. Portanto, em vez de dizer: "Não seja preguiçoso, vá procurar um emprego", tente ensinar-lhes os passos necessários para conseguir um e divida com eles suas próprias experiências. Deixe-os refletir. Refletir é um tipo de prática mental — o primeiro passo importante antes de partir para a ação.

Jim deu uma grande ajuda ao filho Grant quando sugeriu que ele pedisse cartas de recomendação aos professores para anexá-las ao seu *curriculum vitae*. Embora Grant não tenha aceito a sugestão prontamente (adolescentes nunca aceitam), o pai insistiu mais algumas vezes. É óbvio que o rapaz pensou no assunto, porque recolheu as cartas e, quando teve coragem para requerer uma colocação, levou vantagem sobre os outros pretendentes.

À medida que as crianças crescem, elas rejeitam a ajuda dos pais, embora precisem dela. Tudo bem, é apenas outra maneira de aprender. O maior desafio para os pais é evitar dizer: "Eu avisei". Jesse estava fazendo um jantar para os amigos. Tentando ajudá-lo, a mãe alertou: "Não deixe o linguado cozinhar demais". "Eu sei o que estou fazendo", respondeu. Ele jamais mencionou o linguado, mas da outra vez que resolveu fazer um jantar, perguntou à mãe: "Quanto tempo devo deixar o macarrão cozinhando?". Não é surpreendente como eles crescem?

Quando tiver dúvidas sobre o que os seus filhos sabem, coloque-se no lugar deles. Levamos anos para aprender o que funciona e o que não funciona e, de vez em quando, titubeamos. Seja paciente e oriente os filhos adolescentes bondosamente, permitindo que aprendam com os próprios erros. Maravilhe-se com o crescimento deles. E lembre-se de que esses jovens estão descobrindo o próprio caminho.

Aceite ajuda

Desde pequeninas, as crianças querem ajudar e participar ativamente da vida da casa. Elas querem dar a sua contribuição, querem fazer parte da família. A disposição dos pais em deixá-las ajudar fará com que elas aprendam a exercer o poder de decisão, a assumir as responsabilidades para si, e a fazer escolhas significativas.

Todos nós esperamos que nossos filhos se tornem adultos responsáveis e capazes de cuidar das próprias necessidades. Que sejam independentes e vivam felizes e satisfeitos. Como fazer para que isso aconteça? Alguns pais acreditam que para incutir senso de responsabilidade no filho precisam, acima de tudo, exigir um alto grau de dedicação e participação em casa e na escola. Para esses pais, notas altas, quartos arrumados e obediência são sinais de responsabilidade, enquanto quartos bagunçados, notas baixas e teimosia significam que a criança não está aprendendo a ser responsável. Mas isso não é necessariamente verdade.

Para aprender a ter responsabilidade, a criança precisa, em primeiro lugar, ter oportunidade de exercer controle sobre a própria vida. Essa é a única maneira de ela aprender a fazer escolhas e de assumir as conseqüências da própria opção. Quando os pais estão o tempo todo dizendo à criança o que ela deve fazer, não permitindo qualquer tipo de iniciativa, essa criança crescerá mais e mais dependente dos outros e menos confiante na própria habilidade de tomar decisões.

Pergunte aos filhos o que eles gostariam de fazer para ajudar no serviço da casa e diga-lhes o que seria útil. Sugira alguns esquemas e deixe-os escolher. Quando a mãe de Jeff, de oito anos, perguntou que serviço ele gostaria de fazer, o garoto respondeu que não queria fazer a mesma coisa toda semana, mas escolher uma tarefa diferente todas as segundas-feiras. Depois de algumas semanas, percebeu que havia criado muita pressão sobre si e escolheu uma tarefa permanente. A lição mais valiosa que Jeff recebeu não veio de seu trabalho, mas de seu envolvimento na tomada de decisão.

Enquanto forem pequenos, dê-lhes tarefas simples. Aos três anos, Ellie ajuda a regar as plantas e Clementine dá comida aos gatos. Davey, de quatro anos, guarda os talheres na gaveta, e Shelly, de cinco anos, recolhe a roupa suja da família para colocar na máquina de lavar. À medida que crescem, podemos deixá-los fazer mais, mas não exija perfeição ou obediência cega. Às vezes, Rick, que tem onze anos, lava a própria roupa. Seja flexível e criará um ambiente em que seus filhos ajudarão de bom grado e aprenderão sólidos valores durante o processo.

Acalente a inocência

Você já segurou no colo um bebê enquanto ele dorme? Já sentiu a mãozinha dele enroscar no seu dedo? Já ouviu ele balbuciar "gu... gu", de contentamento? Já trocou fralda enquanto ele ri e se mexe sem parar? Já sentiu a mãozinha dele dando tapinhas no seu rosto e puxando o seu nariz? Se a resposta é sim, você é uma pessoa abençoada, porque foi tocada pela inocência.

Os bebês crescem tão rápido! Em pouco tempo eles estão andando, jogando os livros da estante no chão, pulando na cama. Quando piscamos os olhos, já estão catando insetos para guardar nos vidros e vendendo limonada para ganhar dinheiro. E a simples descoberta de novidades os deixa maravilhados e espantados.

Mas isso não acontece só com os bebês. Se você já teve oportunidade de ouvir um coral de crianças, aposto que teve a sensação de que seu coração ia explodir. E, provavelmente, você já ouviu algum comentário tão espontâneo e verdadeiro de uma criança, que o deixou atônito. Essa pureza pega a gente com a guarda aberta e, nesse momento, sentimos a presença divina. Talvez seja por isso que os pais ficam tão orgulhosos na festa de formatura e choram tanto no casamento dos filhos. E talvez seja essa a razão de você não conseguir expressar com palavras o que lhe vem à memória, quando sente o cheiro de talquinho de bebê.

Existe uma passagem na Bíblia: "E uma criança os conduziu", que sugere que essa abençoada inocência pode apontar o caminho. Todos nós conhecemos pessoas que esperam sempre o pior; são cínicas, sarcásticas e desconfiadas. Elas não confiam em ninguém e não se abrem para o mundo. Um dia, elas também foram bebês inocentes, mas perderam essa inocência durante a caminhada para a maturidade. Nossas crianças são expostas a tudo muito cedo — nós as forçamos a amadurecer e as privamos da infância. A sociedade, com seu apelo ao *glamour* e ao brilho estampados em qualquer *outdoor*, parece que é contra a inocência e contra as crianças. É preciso mudar urgentemente essa ênfase, e podemos começar por fazê-lo dentro de nossas casas.

Um indivíduo verdadeiramente adulto, na minha opinião, não é aquele embotado pela "maturidade", mas, sim, o que consegue manter a inocência viva no coração. Essa pessoa tem brilho nos olhos e mola nos pés. Uma pessoa assim levanta o ânimo e o astral de quem está por perto. Vovô Simon era um desses. Crianças de todas as idades não saíam de perto dele. Ele distribuía balas e as deixava brincar com os coelhos. Vovô sempre servia torradas com geléia de framboesa, que ele mesmo cultivava. Ele sabia a hora de falar e a hora de ficar calado. Contava histórias que faziam a gente se sentir melhor, mesmo que não estivéssemos mal.

Respeite a inocência madura dos adultos e, sempre que puder, olhe dentro dos olhos de uma criança; quem sabe você consegue captar um pouco dessa inocência infantil.

Perceba a linguagem espiritual

As crianças têm uma espiritualidade inata e, se ficarmos atentos, elas nos contarão coisas sobre energias sutis e outras dimensões; mesmo não acreditando, pode ser intrigante escutar o que elas têm a nos dizer. A intuição das crianças é muito aguçada e, uma vez que ainda não estão mergulhadas na realidade, freqüentemente, ouvem e vêem coisas que nos passam despercebidas. Quando tinha seis anos, Heidi disse que via as pessoas envoltas em nuvens de luzes coloridas. Rosie, aos quatro anos, tinha dois amigos imaginários que seguravam suas mãos aonde quer que ela estivesse. Ela os batizou com nomes estranhos, que mais tarde a mãe descobriu serem palavras francesas. Elliot, quando tinha quatro anos, disse ao pai: "Águia Branca me ensinou a girar — é só olhar para um ponto no céu, enviar seus pensamentos e você começa a girar". Ryder, de cinco anos, disse à mãe: "Todo mundo tem um anjo".

Até os seis anos de idade as crianças estão muito sintonizadas com o mundo espiritual e com coisas que não se vê e não se ouve, mas vão perdendo esse contato quando entram na escola e são expostas ao pensamento tradicional e ao raciocínio lógico. Mas, até então, elas são mestres em se ligar aos nossos pensamentos.

Certa ocasião, Marie, mãe de três crianças, estava pensando sobre a morte, imaginando que palavra poderia usar em lugar de *morrer*. Exatamente naquele momento, Laura, a filha caçula, entrou na sala e disse: "Que tal falecer, mamãe?". Marie ficou impressionada, uma vez que não dissera uma só palavra em voz alta!

As crianças têm a intuição altamente desenvolvida — elas conseguem sentir a energia e as vibrações dos outros. Às vezes, uma criança vê alguém e começa a chorar; ela se afasta, evita a pessoa e, embora não saiba explicar o motivo de sua reação, pode sentir a energia dessa pessoa e querer ficar longe. Confie no instinto de seu filho.

Algumas crianças conhecem verdades espirituais sem jamais terem aprendido. Jody, quatro anos, disse ao avô enfermo: "Quando você morrer, vovô, você vai só mudar para um outro lugar".

Reverencie a natureza divina de seu filho reconhecendo e respeitando as suas percepções e a sua linguagem espiritual.

Crie comunidades de amigos da família

A tarefa de educar um filho é um processo bastante complicado. Por isso, precisamos da ajuda de muitas pessoas: avós, *baby-sitters*, médicos, vizinhos, professores, treinadores, amigos e terapeutas. Podemos criar nossos filhos sozinhos, mas será muito mais fácil se contarmos com a colaboração de pessoas que, como nós, querem o melhor para os filhos e sabem que precisamos nos unir para criar comunidades de amigos da família. Cada um de nós enfrenta suas batalhas de vez em quando, mas, quando a comunidade é solidária, não só a luta se torna mais amena, como a vida fica melhor. Hoje, muita gente já reconhece que no ritmo alucinado deste mundo consumista manipulado pela tecnologia, a bondade, a compreensão, a união e a solidariedade são os combustíveis da alma.

As sociedades de amigos-da-família valorizam as crianças e enfatizam a criação de locais e serviços que assegurem o desenvolvimento saudável das famílias. Mas não espere que alguém tome essa iniciativa — faça as coisas acontecerem pelo bem-estar de seu filho. O melhor momento para começar é agora.

Em primeiro lugar, procure conhecer os vizinhos. Como mãe solteira, recebi muita ajuda da minha comunidade, de amigos e vizinhos. Como eu costumava trabalhar até tarde, todas as noites, a família Levell dava o jantar a Manda, que na época ainda engatinhava. Os Hansen, a quem ainda recorro quando estou em apuros, abriram suas portas para nós. Os Fisher (melhores babás do mundo) amavam Manda como se fosse uma filha. E Kathy Jean foi além das obrigações de tia e ensinou Manda a andar de bicicleta.

Em segundo lugar, procure conhecer os amigos, os pais dos amigos e os professores do seu filho. Participe das atividades da comunidade e conheça as pessoas que tomam as decisões que afetam a família. Expresse suas idéias sobre como você gostaria que a comunidade trabalhasse. Participe, fale abertamente, seja membro da APM da escola ou comece você mesmo um projeto para criar uma associação dos amigos-da-família, assim você pode mudar as coisas.

As crianças querem conhecer e participar do mundo fora de seus quintais. Bryan, de nove anos, disse à mãe: "Quero ajudar os sem-teto". Com a ajuda dos pais, ele lançou a 'Campanha do Cobertor' para distribuir aos meninos de rua.

Dar aos outros põe nossas prioridades em perspectiva e ajuda a prezar o conforto do lar para o qual muitas vezes não damos valor. Quando abrimos os nossos corações aos outros, mostramos às crianças que partilhamos esse planeta com gente igual a nós. Quando nos unimos às pessoas, percebemos que entre nós existem muito mais semelhanças que diferenças. Conhecer os cidadãos, torna a comunidade mais amigável, o que é benéfico para todas as famílias.

Quando chegar o momento, deixe-os ir

Deixar ir não começa quando um filho completa dezoito ou vinte e um anos, arruma a trouxa e se muda. Começa muito antes, quando ele ainda tem dois ou três anos. Quantos pais mandaram seus filhos à escola pela primeira vez, acenando no ponto do ônibus e se derramando em lágrimas? Quantos sofreram ao ver o treinador deixar o filho no banco, durante o jogo?

As ocasiões de deixar ir continuam pela vida inteira e quase sempre machucam. Nós, pais, além de querermos proteger os filhos contra a injustiça e o sofrimento, fazemos questão de participar de suas alegrias e de suas glórias. Às vezes, eles escolhem outra pessoa para compartilhar esses momentos. Becky fez uma fantasia linda para a filha de cinco anos vestir no *Halloween*, mas ficou espantada quando a menina preferiu se divertir com os vizinhos, dispensando a companhia da mãe. Matt foi homenageado pela TV local por ter realizado um ato de bravura. Os pais queriam levá-lo para jantar fora. Mas, quando acabou o programa, ele disse: "Vejo vocês mais tarde, vou sair com meus amigos".

Deixar ir significa observar o filho trilhar seu próprio caminho no mundo, sem você. Significa soltar as amarras e conter a tendência de controlá-lo. Significa deixá-lo cometer os próprios erros e tomar as próprias decisões. Significa não esquecer que ele não é seu para sempre, mas é um presente temporário. Alguns pais seguram demais, outros não se envolvem muito. Encontrar o ponto de equilíbrio pode ser difícil, mas se ouvirmos com atenção, eles nos guiarão: "Mamãe, cortei o cabelo". "Pai, posso ir até a padaria?" "Tchau, mãe, vou andar de bicicleta." "Mãe, vou furar meu umbigo." "Pai, decidi ir para a Europa com o meu namorado."

Cada um desses marcos é um novo desafio. O quanto você vai afrouxar o controle depende, é claro, da idade dos filhos e das circunstâncias, mas terá de se defrontar com esses desafios quase todos os dias. O pequeno de três anos quer brincar no quintal sozinho. E a menina de dez pode passar a tarde no *shopping* com as amigas? Assistir à última seção de cinema? Passar a noite no baile da escola? "Mãe, me empresta o carro?"

Jayne e Dave queriam que Marc brincasse no quintal, mas ele preferia brincar no parque, do outro lado da rua. Eles queriam que ele cursasse a faculdade da cidade; ele foi para o Japão num intercâmbio e ficou por lá, casou-se com uma garota holandesa e hoje mora na Holanda. À medida que eles vão conquistando mais independência, você vai sentindo a perda. Fique confiante, sabendo que os amou o bastante para deixá-los ir. Kaye, mãe de três filhos já criados, me disse: "Você nunca está sozinha quando sabe que seu filho é feliz".

Deixe-os voltar

Quando as crianças são pequenas estamos envolvidos na atividade de orientar suas vidas, mas quando crescem e saem de casa, nosso papel é estar presente se precisarem do nosso apoio. Pode parecer paradoxal, mas o momento em que liberamos os filhos para seguirem seus caminhos e viverem a própria vida, é quando eles ficam mais próximos da gente e voltam para compartilhar suas experiências. Quando eles sabem que podem partir e voltar sem sentimento de culpa, sentem mais prazer em ficar com os pais e, às vezes, até nos surpreendem pedindo conselhos.

É por isso que os filhos querem liberdade para explorar o mundo fora dos limites da família, mas, ao mesmo tempo, querem fazer parte dessa família, precisam saber que têm a segurança de um lar acolhedor e o amor da família, que está do lado deles para o que der e vier. "Estou com medo, posso dormir com você?" "Não quero mais ir ao acampamento, sinto muita saudade." "Mamãe, vem me buscar, não quero passar a noite aqui." "Vou aparecer no domingo pra lavar a minha roupa." "Mãe, posso passar o verão em casa?"

Quando eles saem para enfrentar o mundo, é importante que saibam que, sempre que quiserem, poderão voltar ao lar, onde encontrarão amor, compreensão, segurança, e poderão recarregar as baterias para partirem novamente.

Mesmo os adultos se sentem confortáveis sabendo que,

num momento de aperto, podem contar com os pais. Se você não tem mais os seus pais, sabe a falta que eles fazem e não quer que os seus filhos se sintam desamparados como você. Se o seu filho sabe que pode contar com você sempre que precisar, ele se sente mais seguro e confiante. Dê aos filhos a bênção da conexão eterna, fazendo com que eles saibam que sempre terão um lar, um ombro, ou apenas um almoço gostoso, quando quiserem. Tendo você como o grande apoio, dizendo: "Mi casa es su casa", eles saberão que as visitas e os telefonemas serão sempre bem-vindos e todos se beneficiarão.

Mostre e peça compaixão

Vou contar uma história verdadeira sobre compaixão. Uma mulher divorciada, sem dinheiro, estava passando por um momento muito difícil. Na mesma semana, recebera a notícia de que o filho mais novo precisava usar aparelho nos dentes, fechara o carro com as chaves dentro, esquecera de comparecer a uma reunião importante e, para completar, a filha mais velha derrubara *ketchup* no sofá novinho. A última gota! Ela começou a gritar com as filhas e a repreendê-las. As meninas, como fazem as crianças de vez em quando, responderam à mãe, atingindo o seu ponto fraco: "Você está sempre tensa... Você está exagerando... Você briga demais...".

De repente, a mãe parou de se defender: "Vocês têm razão. Eu ando muito tensa ultimamente. Mas, será que não podem ter um pouco de compaixão? Eu estou precisando de compaixão!".

A filha mais velha observou: "Como você quer que eu tenha compaixão se está agindo de forma tão estranha?".

A mãe respondeu: "É exatamente por isso que preciso de compaixão. Eu não preciso dela quando estou bem, mas quando estou confusa, irritada e agressiva. Essa é a verdadeira compaixão. Portanto, dá para entender que estou passando por um momento muito difícil?". Nada mais foi dito naquela noite, mas ela sentiu que alguma coisa havia mudado. A partir desse dia, mãe e filhos passaram a se tratar com mais ternura.

Assim como o corpo precisa de alimento, a alma precisa de

compaixão. Amar os filhos sem compaixão não é o bastante. Compaixão é uma delicada e generosa compreensão, um cuidado amoroso. Significa estar sintonizado com o próprio sentimento e com o sentimento do outro. É perceber o olhar do outro dizendo: "Eu não estou bem".

Millie, de três anos de idade, passou o dia inteiro fazendo compras com a mãe e, cansada de ficar sentada, pulou do carrinho e saiu correndo pelo *shopping*. Quando a mãe conseguiu agarrá-la, ela chutava e gritava tão alto que as pessoas se viraram para ver o que estava acontecendo. Embora embaraçada, a mãe de Millie entendeu que fazer compras é cansativo para uma criança de três anos. Ela abraçou a filha e deixou-a caminhar ao seu lado.

As crianças, assim como os adultos, precisam de uma dose generosa de compaixão quando estão cansadas, mal-humoradas, ou simplesmente insuportáveis. Sempre que elas estiverem irritadas, diga-lhes que você também tem problemas e expresse toda a sua compaixão.

Vamos proteger nossas crianças

Nós, pais, queremos proteger nossos filhos de toda a dor e injustiça do mundo. Claro que isso é impossível, mas *podemos* ajudar a criar um ambiente, um cenário em que as crianças estejam física, emocional e espiritualmente mais seguras. E cumpriremos nossa tarefa muito melhor se estendermos essa responsabilidade a todas as crianças do mundo.

As crianças precisam ser protegidas das inúmeras formas de abuso: palavras que humilham, xingamentos, agressões físicas, castigos etc. Há crianças que sofrem de carência afetiva, outras são vítimas da pobreza. Podemos e devemos proteger as crianças da tirania dos pais e de outros adultos que, por inabilidade ou relutância em lidar com a própria dor, infligem seu ódio nas crianças indefesas.

Coloquemos nossa energia onde ela é, realmente, necessária. Quando John e Heather encontraram Angie ela estava com seis anos. A mãe de Angie, solteira, estava seriamente doente e não tinha mais condições de cuidar da menina. O casal levou-as para casa e cuidou das duas, até que a mãe de Angie morreu, tendo a filha a seu lado. Eles a educaram, sustentaram e apoiaram durante dezessete anos. Ela os chama de "Meus pais anjos".

Em todos os cantos do nosso país há crianças precisando de anjos guardiães. Podemos começar hoje com pequenos atos que podem significar muito na vida dessas crianças. Juntos, poderemos encontrar um meio de protegê-las das doenças, da fome e da violência.

Wally bancou anonimamente os estudos de um jovem rapaz batalhador. Phil tornou-se o mentor de quatro jovens; ele sabe que hoje, mais do que nunca, as crianças precisam de modelos adultos, que se interessem, verdadeiramente, por suas vidas. Ao dedicar parte de seu tempo a esses jovens, no trabalho e no lazer, Phil está lhes passando uma visão de vida que jamais teriam oportunidade de vislumbrar de outro modo.

Você também pode realizar mudanças significativas assumindo alguma posição. Será que alguma criança do bairro passou fome ontem à noite? Será que dormiu na rua, atrás de latas de lixo, foi espancada, ou levou um tiro? Você denunciou ou virou as costas? Você fingiu não saber? Será que o ar e a água não estão tão poluídos a ponto de afetar o crescimento saudável das crianças? Será que as crianças do futuro terão um planeta verde?

Há muito o que pensar e fazer a respeito, e a responsabilidade é nossa. Nós trouxemos ao mundo essas crianças e é nosso dever cuidar delas. Do contrário, quem o fará? Quando nos mobilizamos para defender uma criança, mesmo que seja apenas uma, estamos contribuindo para um mundo melhor e nos transformamos em um anjo da guarda.

Conserve-as em seu coração e em suas preces

Uma vez tendo amado uma criança, ela terá lugar em seu coração para sempre. Amamos nossos filhos tão profundamente, que sentimos sua presença mesmo quando não estão por perto; seus rostos estão presentes em nossa mente, e não os esquecemos nem por um segundo. Eles são parte de nós e, se algo acontecer a eles, a melhor parte de nós morrerá. Se pudéssemos, controlaríamos suas vidas e os vigiaríamos o tempo todo; queremos protegê-los da dor, mas sabemos que só podemos fazer o que está ao nosso alcance; tentamos orientá-los e prepará-los para a vida da melhor forma possível.

Às vezes, nos sentimos impotentes, nos damos conta de que não há nada mais a fazer. Não podemos trancá-los ou escondê-los, mas podemos rezar. Reze todos os dias, a cada minuto, para que eles caminhem na luz, com paz e alegria. Peça a Deus para olhar por eles. Faça uma oração simples, com o coração. Existe uma conexão espiritual muito forte entre pais e filhos e, quando rezamos, nos conectamos a eles através de ondas espirituais. Não importa se estão no vizinho ou a quilômetros de distância, a oração os ajudará quando estiverem fora do seu alcance.

Nunca deixe que eles fiquem com raiva ou magoados — resolva qualquer desavença entre vocês. Diga: "Mesmo separados, estou sempre ao seu lado. Eu te amo, você está no meu coração". E lembre-se de que ele também o ama, sente a sua presença e torce pela sua felicidade. Os filhos querem o melhor para os pais e, enquanto rezamos por eles, provavelmente eles estarão rezando por nós.

Judy Ford e sua filha, Manda

Nos últimos vinte anos, Judy Ford, mestre em Serviço Social (MSW), vem trabalhando como terapeuta, conferencista e conselheira em relações humanas. O curso, *Educando com Amor e Alegria,* idealizado por ela, oferece aos pais ferramentas práticas para a educação dos filhos, tendo como foco central a alegria da paternidade. Em seus seminários, enfatiza o poder do amor e do riso no enriquecimento da vida profissional e pessoal.

Para obter mais informações escreva para:
P.O. Box 834 Kirkland, WA 980833.

dobre aqui

ISR 40-2146/83
UP AC CENTRAL
DR/São Paulo

CARTA RESPOSTA
NÃO É NECESSÁRIO SELAR

O selo será pago por

SUMMUS EDITORIAL

05999-999 São Paulo-SP

dobre aqui

AMAR UMA CRIANÇA

CADASTRO PARA MALA-DIRETA

Recorte ou reproduza esta ficha de cadastro, envie completamente preenchida por correio ou fax, e receba informações atualizadas sobre nossos livros.

Nome: _____ Empresa: _____
Endereço: ☐ Res. ☐ Coml. _____ Bairro: _____
CEP: _____ - _____ Cidade: _____ Estado: _____ Tel.: (___) _____
Fax: (___) _____ E-mail: _____ Data de nascimento: _____
Profissão: _____ Professor? ☐ Sim ☐ Não Disciplina: _____

1. Você compra livros:
☐ Livrarias ☐ Feiras
☐ Telefone ☐ Correios
☐ Internet ☐ Outros. Especificar: _____

2. Onde você comprou este livro? _____

3. Você busca informações para adquirir livros:
☐ Jornais ☐ Amigos
☐ Revistas ☐ Internet
☐ Professores ☐ Outros. Especificar: _____

4. Áreas de interesse:
☐ Psicologia ☐ Comportamento
☐ Crescimento Interior ☐ Saúde
☐ Astrologia ☐ Vivências, Depoimentos

5. Nestas áreas, alguma sugestão para novos títulos? _____

6. Gostaria de receber o catálogo da editora? ☐ Sim ☐ Não

7. Gostaria de receber o Ágora Notícias? ☐ Sim ☐ Não

Indique um amigo que gostaria de receber a nossa mala-direta

Nome: _____ Empresa: _____
Endereço: ☐ Res. ☐ Coml. _____ Bairro: _____
CEP: _____ - _____ Cidade: _____ Estado: _____ Tel.: (___) _____
Fax: (___) _____ E-mail: _____ Data de nascimento: _____
Profissão: _____ Professor? ☐ Sim ☐ Não Disciplina: _____

Editora Ágora
Rua Itapicuru, 613 Conj. 82 05006-000 São Paulo - SP Brasil Tel (11) 3871 4569 Fax (11) 3862 3530 ramal 116
Internet: http://www.editoraagora.com.br e-mail: agora@editoraagora.com.br